音と人をつなぐ
コ・ミュージックセラピー
Co-Musictherapy

中島恵子・山下恵子

春秋社

はじめに

　日々のセラピーの中で発見する音や音楽の力は、私にとっては感動の連続でした。小さな車から小さな部屋へ、そして開業し、現在の小さなセンターへと移り変わるこの17年、数え切れない感動を集める間に、障害のあるたくさんの人やその家族、仲間に出会っていきました。こんなに感動したよ、こんなに楽しかったよ、すてきだったよ、こんなに困ったよ、こんなに迷ったよ、こんなに苦しかったよ、とその人たちと話し続けてきました。そんな中で、音や音楽の力を言葉で伝えることはなかなか難しいものだと感じ続けてきました。

　しかし、Musictherapy は常に音・音楽の世界の可能性を追求していくことであると考えるならば、この音・音楽の力の伝えにくさを承知で伝えていかなければならないということになります。私は、出会った多くの人々に勇気をいただき、ここに Co-Musictherapy について語ることにしました。特に、事例の一部と第8章を担当してくださった宮崎女子短期大学の山下恵子先生は、この本の構想や全体の構成など多くの示唆を与えてくださり、同じ臨床人として、このモデルを現場で実施し、そこから生まれる成果に確信を持ち、共に実践・研究をし続けてくださいました。

　この本を読んでくださる人が、多感覚に Co-Musictherapy を感じていただければ嬉しいと思います。この本が決してすべてではなく、セラピーの何かのひらめきやきっかけになることがあれば嬉しいと思います。

　　　2002年
　　　　　　　　こども音楽センターにて
　　　　　　　　　　　　　　　　　　　　　　　　中島　恵子

音と人をつなぐ
コ・ミュージックセラピー
……Co-Musictherapy……

☆ 目次 ☆

はじめに　i

プロローグ　3
　　(1)「わたし」と音・音楽　5
　　(2)「わたし」とセラピー　6
　　(3) ミュージックセラピーを考える　7
　　(4)「楽しい」と「音楽」　9
　　(5) 音のはらっぱで　11

第1章　音・音楽の可能性　13

1　音・音楽をさまざまな感覚で体験してみましょう　15
　　(1) どんな音が見えますか？　聴こえますか？　15
　　(2) 音に触れてみましょう　26
　　(3) 動いて音にしてみましょう。
　　　　　空気を動かして音にしてみましょう　26
　　(4) 音は遊びの達人です　28
　　(5) 音で伝えてみましょう。繋がってみましょう　33

2　音・音楽に何が見えるのでしょうか　36
　　(1) 呼吸　36
　　(2) 心身リズム・テンポ　38
　　(3) 人の発達　39
　　(4) 人のこころ　42

3 音・音楽の可能性　　43
　(1) 音・音楽の可能性　　43
　(2) 音で繋がること　　45
　(3) 音楽の社会化　　48

第2章　Co-Musictherapyの定義　　53

1　オルフ・ムジークテラピー　　55
2　Co-Musictherapy　　58
3　Co-Musictherapyにおける基本的視点　　60
　(1) Co-Musictherapyにおける「多感覚」　　60
　(2) Co-MusictherapyにおけるCo──「繋ぐこと」　　61
　(3) Co-Musictherapyにおける遊びと即興　　62
　(4) Co-Musictherapyのセラピスト　　64

第3章　Co-Musictherapyの主要な概念　　71

1　同質　　74
2　リラクセーション　　75
3　演奏・即興演奏　　76
4　良いリズムと良いテンポ　　78
5　自己実現のための音楽　　80
6　コミュニケーション　　82
7　動きと音・音楽　　83
8　言葉と音・音楽　　83
9　認知の学習と音・音楽　　86

第4章　Co-Musictherapyの具体的方法と展開　93

1　ドラム同質奏法　95
2　リズム・ムーブメント　100
3　リラクセーション　102
4　音絵　106
5　楽器演奏　110
6　即興　113
7　音語り・音づけ絵本　118

第5章　Co-Musictherapyの構造　123

1　個別Co-Musictherapy　125
　（1）個別Co-Musictherapyの目指すもの　125
　（2）個別Co-Musictherapyの実際　127
　（3）個別Co-Musictherapyの場の設定　133
2　グループでのCo-Musictherapy（G. Co-MT）　134
　（1）グループでのCo-Musictherapyの場の設定　135
　（2）グループでのCo-Musictherapyのプログラム　136
　（3）グループでのCo-Musictherapyの留意事項　146
3　障害児、障害者、高齢者のためのG. Co-MTの実際　148
　（1）障害児のG. Co-MTの実際　148
　（2）障害者のG. Co-MTの実際　156
　（3）高齢者のG. Co-MTの実際　162

第6章　Co-Musictherapyの事例報告　171

　ケース１　ダウン症候群でお母さんと離れられなかった
　　　　　　Sちゃん（４ヵ月～９歳）　176
　ケース２　音・音楽に出会い発達していった
　　　　　　全盲のＮ君（１歳８ヵ月～18歳）　179
　ケース３　虐待を受け心に傷を持つＡ君（２歳３ヵ月）　183
　ケース４　脳性マヒで緊張するＫちゃん（２歳～６歳）　186
　ケース５　聞こえなくて自信のなかったＢ君（３歳１ヵ月）　189
　ケース６　お母さんを基地に歩き出した自閉症のＭちゃん（２歳～７歳）　191
　ケース７　人と繋がりたかったADHDのＮ君（10歳）　194
　ケース８　人に出会い、学びたい不登校の子どもたち（10歳～15歳）　197
　ケース９　かつて不登校で生きている意味を見出せなかったＥさん(21歳)　200
　ケース10　いつも不機嫌な自閉症のＴさん（24歳）　203
　ケース11　精神障害のあるＳさんとその仲間たち（60歳）　206
　ケース12　痴呆症で悲観的に生きていたＵさん（75歳）　209
　ケース13　アルツハイマー病で人との関わりを拒否していたＬさん(93歳)　212

第7章　Co-Musictherapyにおけるアセスメントと評価　215

　１　Co-Musictherapyにおける感覚発達の視点　218
　２　Co-Musictherapyにおけるアセスメント　219
　３　Co-Musictherapyにおける評価　223

第8章　Co-Musictherapyを解く　229

　１　音楽観　232
　　（1）音楽行動　232

(2) 音・音楽　233
　　　(3) 心身リズム・テンポ　234
　2　表現　237
　　　(1) アートの中に含まれるもの　237
　　　(2) セラピーにおけるアート　238
　3　人の発達の追求　238
　　　(1) 発達はいつまで続くのか　238
　　　(2) 人と人との関係　240
　　　(3) 身体と心の発達　241
　　　(4) 退行・再統合・エネルギー　242
　　　(5) 認知すること　243
　　　(6) 全体性　244
　4　技法論　245
　　　(1) 同質　245
　　　(2) 即興　246
　　　(3) 遊び　251
　　　(4) コミュニケーション　252
　5　Co-Musictherapyを解く　254

エピローグ　255

　引用・参考文献および楽譜　259

　おわりに　265

音と人をつなぐ
コ・ミュージックセラピー
……Co-Musictherapy……

プロローグ

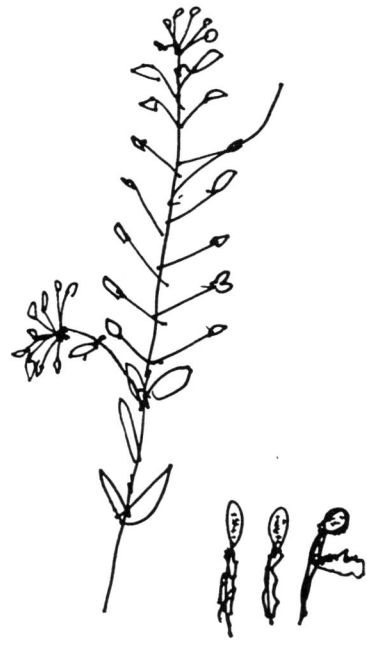

プロローグ

(1)「わたし」と音・音楽

　自分の「音」の体験を考えてみます。自分の「音楽」の体験を考えてみます。これまでに自分の体験した音や音楽が自分のセラピーの道具となります。言い換えれば、セラピーの道具として使う時、自分の音・音楽の体験を越えることはないと言えます。

　水の音、石の音、風の音、森の中の葉っぱの音、街の音、隣の部屋から聴こえてくるテレビの音、喫茶店やレストランで流れてくる音楽、お正月やクリスマスに商店街に流れる音楽、合唱コンクールで歌った音楽、クラブ活動やバンド活動で体験した音楽、音楽大学の受験課題曲等々、私たちの体験している音や音楽は実にさまざまです。

　そして、音や音楽をどのように体験しているのかと改めて考えてみると、それは実に多様な形の体験であることがわかります。幼いころの遊びであったり、一瞬に感じた音であったり、住んでいた街で自然に聴き慣れた音であったり、風鈴売りのよび声や豆腐売りのラッパが、その匂いや風とともに音として甦ってきたりします。はやりのダンスと一緒に体験した音楽であったり、ある時は、その音楽は青春のなんとも曖昧な時間の流れや、楽しみや悲しみ、喜びと一緒になっていたりするのです。

　私たちが音や音楽を体験する時には、「聴く」だけでなく、触れること、見ることや匂うこと、感じることや動くこと、考えることなど、他のさまざまな感覚、つまり多感覚にまたがって「体験」しているのです。セラピスト自身が、

音や音楽を、多感覚に豊かに体験している必要があります。そこにセラピーの可能性が限りなく広がっていくからです。

（2）「わたし」とセラピー

　3歳の男の子が「言葉が出ない」と、お母さんに連れられて〈こども音楽センター〉にやって来ました。その男の子は、こだわりが強く、音楽なんてやめてくれ、音を聴いて動くことなんてとんでもない、演奏したって何の得になる、音を「描く」なんて理解できないというような男の子でした。それでも彼は、音や音楽を多感覚に体験し続け、現在、小学校6年生。動きと音とが合うことを楽しいと感じ、音楽に合わせて体を動かすようになり、好みの曲では自分で振りつけて踊るようになりました。その曲に合わせて、楽しそうにドラムを打つようにもなりました。音に高低があることにも気がつくようになり、繰り返し見ているビデオのテーマ曲を探り弾きするようになりました。そして、友達と音を合わせて一緒に音楽を楽しめるようになりました。

　6年生の夏、お母さんは、「今は、どこにいても、自分で楽しいことが見つけられるようになりました。創りだすことができるようになりました」と話してくれました。今、周囲の環境と柔軟にやりとりをしながら生きていくことのできる、この男の子がいます。

　音と合わせることの楽しさを知った子どもは、生きていく世界をどんどん広げていくことができます。音楽で表現することを体験した子どもは、多くの人にどんどん出会っていくことができます。

　特別養護老人ホームに入所している88歳のある女性は、何をどんなふうに話しかけても、表情に変化がありませんでした。手を介助しながらドラムを打っても、拒否はないけれども表情もありません。自分からの動きはほとんどなく、時々私の顔をジーッと見ています。

　1台のドラムを挟んで私たちは向かい合っていました。私は、この女性の持つマレットを誘うように自分のマレットを動かすのですが、その女性の持つマレットは動く気配がありません。私は、一打、ドラムを打ってみました。彼女

のマレットが少し振動で動きました。また一打、マレットは動いて上に跳ね、それを三打、四打と繰り返していると、彼女のマレットは、主人であるその女性にコントロールされた動きを見せるようになっていきました。つまり、その女性が、自分でマレットを動かし始めたのです。単調に繰り返す私の動きにぴったり合わせて打ち続けたあと、今度は、次第にテンポをあげていくこともできました。そして、終わりの一打で一緒にドラム打ちが終わったのです。「すごい、繋(つな)がった」と思った瞬間、彼女の顔が緩(ゆる)み、そして、笑ったのです。

　私たちは何を目的にセラピーを行うのでしょうか。その瞬間の喜びのため、心の安定のため、楽しみのため、人の発達を促すため、その瞬間瞬間を豊かに重ねて発達を保障していくためであり、人がより豊かに生きていくためではないでしょうか。そして、豊かに生を終えるためではないでしょうか。

　対象者にとってのセラピーの目的は、対象者を私と置きかえた時の目的と同じでしょう。対象者にとって「笑うこと」の重要性は、私にとっての「笑うこと」の重要性と同じなのです。一緒に笑うこと、呼吸すること、そして一緒に生きていくことと言えるのではないでしょうか。ホスピス病棟に入院していた友人に、「今度来る時、何を持ってこようか？」と尋ねました。「こうやって、ガハガハ笑えるのがいい」と答えた、今は亡き友人の言葉を思い出します。

（3）ミュージックセラピーを考える

　音楽によって、病気が完全に治ってしまうことはほとんどないでしょう。しかし、人は、音や音楽だからこそ、気持ちが癒され、励まされて、治療に向かうことができます。実際にそれが治療の効果につながることもあります。音や音楽は、人がより良い心身の状態になっていくことのきっかけ、あるいはその過程に、深く関わっていきます。人が音や音楽を体験し、音や音楽に意味を見出していく過程を観察してみると、その過程にある人の心身そのものに発達を見ていくことができます。音・音楽と発達とのこうした関係を、セラピーの中では、意識的に操作・利用していきます。

　しかし日常の生活の中でも、音・音楽は人の心身の健康のために十分機能し

ているとも言えるでしょう。ふと耳にした音楽で気持ちが安らいだり、カラオケで思いっきり気分を発散させたり、リズムに合わせて体を動かしたり……。

　音や音楽は人にさまざまな影響を及ぼし、活用の可能性を与えてくれます。それを、どのような人に、どのような目的で、どのような方法で活用しようと考えるのか、と、音・音楽の世界をより深く進むところにセラピーがあるのです。

　音・音楽を、ビタミンに例えて考えてみましょう。ビタミンは人に欠くことのできない栄養素です。A・B・C・D・E・F・Kなど、それぞれが違った働きを持ちながらも、人の生命、機能を維持するために作用しています。ビタミンは、できるだけ新鮮でおいしい野菜やフルーツから摂取したいものですが、音・音楽も同じです。ビタミンと同じく、音・音楽も、生活の中で欠くことはできません。それならばできるだけ、楽しくて、心地よくて、癒される、あるいは元気になれる音・音楽を、求めていきたいものです。

　けれども、なんとなくだるい、疲れやすいといった症状が身体に現れた時には、新鮮な野菜やフルーツのビタミンだけで改善することは難しくなります。特別に医師の診断や処方が必要になり、薬としてビタミン剤を摂取することも必要になってくるでしょう。音楽も同じです。特別に、ミュージックセラピーが必要になる時があるのです。ふだんの生活の中で、自然に音楽を楽しむことができている場合はそれでいいでしょう。しかし、楽しめなくなった時には、その音楽の質を考えなくてはなりません。楽しめない原因を探らなくてはなりません。自分から音を楽しもう、楽しみを創りだそうという意欲がある時はいいでしょう。けれども、音に関心が湧かない、人と合わせることができない、合わせても楽しさが感じられない時には、その原因を、その人の心身の状態や、発達状況の中に探ることができます。

　悪い状態を改善したり、発達を促進するために、すなわち広い意味でその人の豊かな生を保障するために、音や音楽を幅広く捉え、その人の心身に働きかけるように使っていくこと。それが、ミュージックセラピーなのです。

(4)「楽しい」と「音楽」

　音楽は楽しいものです。私たちは、楽しむために音楽をする機会を持ちたいと思います。子どもと一緒に訪れてくるお母さんたちがしばしば、「楽しむだけでいいから」と言われます。さまざまなグループのリーダーの方たちにも、「訓練的ではなくて、皆が集まって、音を出して楽しむことを目指してグループを作りたい」とよく言われます。けれども、この「楽しい」ということが、実はとても難しいのです。もしかしたら、はじめはなんだか楽しいかもしれません。皆が集まり、日頃は経験したことのない音や音楽に包まれて、一時は楽しいかもしれません。しかし、それがいつまでも楽しいと思えるわけではありません。人には発達があるからです。

　子どもの歩き始めを考えてみてください。一生懸命に歩こうとする時期、子どもは動くことが楽しくてしかたないといった様子です。歩けることが楽しく、それを人に見てもらうのも楽しい様子です。けれども、それはほんの一時期でしょう。2年たって、3年たって、この歩き始めの楽しさは続きません。子どもが歩くだけで、周りの大人が「上手、上手」と褒めることもなくなるでしょう。すでに、その子どもにとっての「動き」は、「歩く」ことから、「走る」こと、「跳びはねる」ことに向かっており、そこに、以前はできなかった何かが「できる」という楽しさや、何かを目指す楽しさを感じているからです。

　楽しいと感じるところに、人間の発達を見ることができます。遊びの中で「音が出たから楽しい」という素朴な次元から、「自分が音を出したことを、周りの人が気づいてくれたから楽しい」という次元へ、そして、「もっといろいろなことを表現しようと工夫できるから楽しい」「しようと思っていた表現ができたから楽しい」、次に、「他の方法で伝えることができるかという、考える目標ができたから楽しい」「それに向かって一歩踏み出せたから楽しい」というように、楽しいと感じる理由は、次第に深い意味を持つようになるのです。1歳児の楽しみと、5歳児の楽しみとでは、感じる楽しさの質が違います。それは、それぞれ異なる心身の発達があるからです。

　さて、音楽を楽しいものだと感じていない人もいるでしょう。「楽しい」に

は、音に意味があることを感じとったり、音や音楽をいろいろな感覚で体験することを可能にする心身の発達が必要なのです。心身の発達がなんらかの理由で遅れている場合、音楽を楽しいと感じることができないかもしれません。また、感じたことをその人が表現することで、私たちは初めて、その人が楽しいと感じていることを知ることができます。しかし表現のしかたが未熟であったり、少し変わった表現方法を持つ対象者の場合、本当は楽しいと感じていても、それが周りの人には理解できない場合もあるでしょう。もちろん、私たちセラピストは、対象者がはっきりした表現をしなくても、その人がどのように思っているのかを感じとることはできるでしょう。しかし、私たちだけでなく、もっと多くの人がその表現を理解できるように、対象者がその表現方法で社会と繋がることができるようにアプローチしていくことが、セラピーの大切な目的となります。

　セラピーは、「楽しい」を対象者の心身いっぱいに満たすことから始まります。いっぱいになれば、心の動きが身体の動きとなって表れてきます。声が出て、おなかが動くでしょう。身体全体が動くでしょう。「楽しい」が心の動きとなり、身体の動きとなります。同時に息となり声となるのです。このような過程を経て、誰もが受け取ることができる表現になっていくのです。セラピストは、対象者が「音楽は楽しい」と感じるために、音や音楽をどのように使い、対象者のどの感覚へ伝えていくのか、対象者の「楽しい」という想いをどの感覚を使ってどのように表現していけるのかを、多感覚にアプローチを積み重ねながら、追求していくのです。

　「楽しい」意味が変わっていく、その速度は、人によってさまざまでしょう。重度の障害のある人は、もしかしたら、遅いかもしれません。重度の重複障害のある子どもが、メタルフォンの高い音で、「生まれて初めてかもしれない」とお母さんが言うほどの、はっきりとした笑い顔を見せました。その時、その男の子は5歳でした。1年、2年たつと、すでにその音だけでは笑い顔はありません。好きな音であることに違いはないのですが、音そのものよりも、短いフレーズの中のリズムの面白さやテンポの変化に気づいた時に、その子は笑うようになっていきました。そしてしばらくすると、自分の楽しみの曲も生まれ

てきました。この男の子の「楽しい」は、ゆっくり、しかし確実に変化していったのです。私たちはその子と一緒に、楽しいと感じること、楽しいと思えることをだんだん増やしていきました。「楽しい」の質を変化させていったのです。男の子は12歳の誕生日を迎えてから、この世を旅立っていきました。

　残された私は、この子にとっての12年は何だったのだろうと考えました。たった12年という短い生涯の中で、この子は何を感じていたのだろう、これで良かったのだろうか、もっと何かできただろうか、と私は考えました。お母さんが「この子は楽しかったですよね。楽しいことをたくさん見つけられましたよね」と訊いた時、私は答えました。「本当にそうです。はい」と。

　何のために生まれてきたのか、生きていてどう感じていたのかということを、共に生活する中で本人の口から一度も聞くことのできない時、私たちは、その人が笑っていたか、楽しかったかということを思うのかもしれません。人が何かを感じて笑えることは、セラピーの最も大切な目標です。わずかに微笑（ほほえ）むだけでも、その笑顔に出会った人は、微笑み返してくれるでしょう。その人は、たくさんの微笑みを受けることになるでしょう。たくさんの人に出会うことができるでしょう。対象者が感じることをどのように引きだすか、それをどのようにして表現に至らせるのか。そしてその人が感じることを、どうしたら「楽しい」と思うことに転換できるのか、笑顔に変えることができるのか。その楽しさをどのように育てていけるのか。それを私たちが音・音楽と共に求め続けていくことが、セラピーの基本になるのではないかと思います。

(5) 音のはらっぱで

　春には、よもぎやピーピー豆やれんげがここかしこに生えているようなはらっぱで、風があったりなかったり、子どもは気ままに遊んで、時には騒がしいけんかもあったりするはらっぱで、セラピーをまず始めることで、たくさんのことが見えてきます。たくさんのことを感じることができます。もちろん、本当にはらっぱで行うということではありません。自然の力の中で、まず、対象者と何も介さないで出会うことが大切だと言いたいのです。セラピストは、さ

まざまなものを使い、さまざまな方法でアプローチしていこうとしますが、本当にセラピーの中で作用していくのは、「人」そのものであり、人の呼吸であることを私は感じています。何を使えば上手くいく、この方法ならば必ず反応が得られる、というのではなく、セラピスト自身が何を対象者に感じ、どのように音や音楽を作用させていくのか、それは常にセラピスト自身の心身を通じて行われ、作用したその結果は、対象者の心身の変化と同時に、セラピスト自身の変化としても表れるでしょう。そうしてセラピーの終わりは、やはり「はらっぱ」で対象者とセラピストが向き合う姿の中にあると感じます。はらっぱに始まりはらっぱに終わる。セラピーはいつも「さあ、今日もはらっぱで出会おう」と始まるのです。

第1章　音・音楽の可能性

　音・音楽の世界をのぞいてみたら
　それは、すべて、自分の世界にありました。
　それでは、のぞいてみましょう。

第1章　音・音楽の可能性

　私たちは、さまざまな音や音楽を、さまざまな状況で体験しています。意識的に音を出して喜んだり、不意の音に驚いたり、マイクの前で一緒に歌って気分を良くしたり、高原を車で走る時の曲にこだわってみたりと、その人それぞれの世界の中に音や音楽を持っています。ここで、そのことに気づいてみましょう。気づけば気づくほど、自分の音・音楽の体験が生きてきます。

1　音・音楽をさまざまな感覚で体験してみましょう

（1）どんな音が見えますか？　聴こえますか？

　例えば川の流れを見る時、私たちは同時にせせらぎの音を聴いています。映画の怖いシーンを見る時には、弦楽器の低音のハーモニーに包まれているかもしれません。音や音楽の体験とは、音を聴くだけでなく、音のするものを見ることも含むのです。
　写真を見ただけで、なぜ音や音楽が聴こえてくるのでしょうか？　昔、実際にこのような風景を見たのでしょうか？　その場の音を聴いたのでしょうか？　それとも、見たことのある映画の一場面ですか？　テレビで見ながら聴いたのでしょうか？　物の動きと一緒に音がありましたか？　匂いはありましたか？　その気持ちになると、音・音楽が聴こえてくるのでしょうか？

ワーク１　どんな音・音楽が聴こえますか？

① 葉っぱ

② ビー玉

③ 露店

④ 店

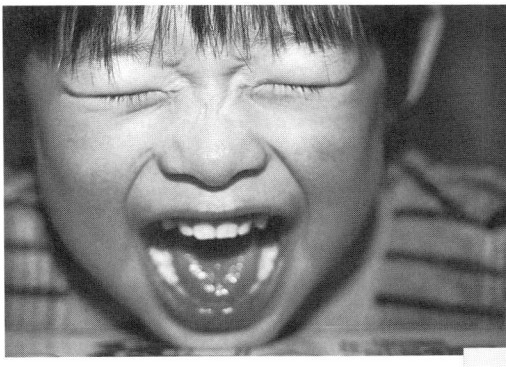

⑤ 顔

⑥ 線香

① 葉っぱ

　葉っぱがキラキラ、ユラユラ揺れています。この風景は、私たちの視覚に強く訴えてきます。葉っぱのわずかな動きに、わずかな音が生まれます。葉っぱの動きに楽器で音をつけてみるとするならば、この微細な動きにぴったりのキラキラ、ユラユラの音――たとえばトライアングルやツリーチャイム、またはハンドドラムの表面をわずかにこする音となるでしょう。向こうに見える太陽の光に、フィンガーシンバルやセミの声を聴く人もいるでしょう。

② ビー玉

　いろいろな色のビー玉が、たくさん集まっています。この写真からは、もしかしたら、いろいろな種類の鈴がぶつかり合う音を聴くことができるかもしれません。物が動く時、転がる時、音も動き、転がります。規則性がなく、自然に響き合う音が、心地よく感じられるはずです。それはきっと、目に映るビー玉の動きそのものでしょう。

③ 露店

　ここで聴こえてくるのは、やはり「祭り」の音でしょう。この露店の前に立つのは、あの賑やかな、楽しい祭りの時だからです。
　祭り囃子の笛の音や太鼓の音かもしれません。大勢の人が歩く雑踏の音や、客を呼ぶ声や、風船の割れる音かもしれません。

④ 店

　琴や尺八の曲が流れていたならば、その店には日本食に使われる食器が並んでいるかもしれません。もし、コーヒーカップやワイングラスが並んでいたら、きっとおしゃれなワルツがその店には似合うでしょう。
　そのお店の商品を引き立たせる音楽があるはずです。その音楽でお客さんも買う気持ちになるかもしれません。

⑤ 顔

　怒っているようにも泣いているようにも、笑っているようにも見える顔です。この写真を見て、泣いているように感じた人には泣き声が、笑っているように感じた人には「ワハハ」と笑い声が聴こえてくるでしょう。もしかすると、後ろで怒っている人の声まで聴こえる人もいるかもしれません。

⑥ 線香

　この写真を見て、すぐに聞こえてくる音は読経の音かもしれません。それならばきっと、木魚（テンプルブロック）の音も聴こえるでしょう。ほのかに見える香煙に、細い竹笛の音が聴こえてくるかもしれません。もし香りがラベンダーであれば鳥のさえずる音が聴こえ、柑橘系の香りでは南国の音楽が聴こえるかもしれません。

ワークの風景

① 風呂

湯舟につかっています。水道の蛇口から聞こえてくる音楽に耳を傾けてみると、こんな音が聴こえてきました。

② 食卓

ご飯を食べている途中、ふと力を抜いてみます。肩や腕の力が抜けるでしょう。もう一度抜いてみます。今度は、口のまわり、目のまわりの力が抜けるでしょう。自分の身体の緊張に気づきます。

③ 道

歩きながらリズムをとっています。敷きつめてあるコンクリート・ブロックの模様をリズムで束ね、歩いていきます。さまざまなリズムが生まれます。

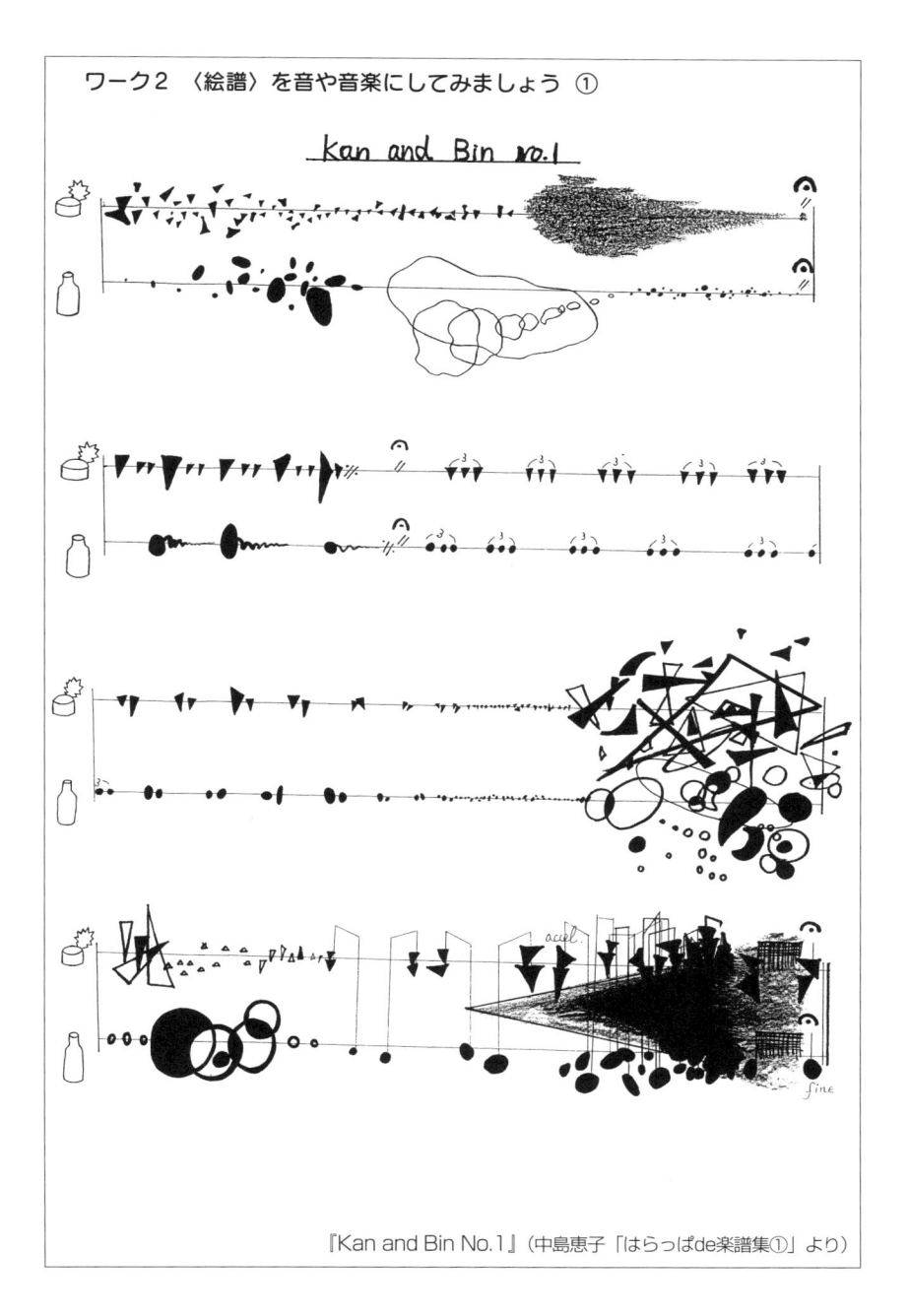

ワーク2 〈絵譜〉を音や音楽にしてみましょう ①

『Kan and Bin No.1』(中島恵子「はらっぱde楽譜集①」より)

ワーク2 〈絵譜〉を音や音楽にしてみましょう ②

『音声アンサンブル（その1）』（「はらっぱde楽譜集①」より）

ワーク3　シャボン玉を音・音楽にしてみましょう

ワーク4　シャボン玉の音・音楽が変化していきます

　シャボン玉と共に撮った写真です。それぞれの写真から聴こえてくる音・音楽に耳を傾けてみましょう。そして、その音楽と共に、改めて写真を見てみましょう。

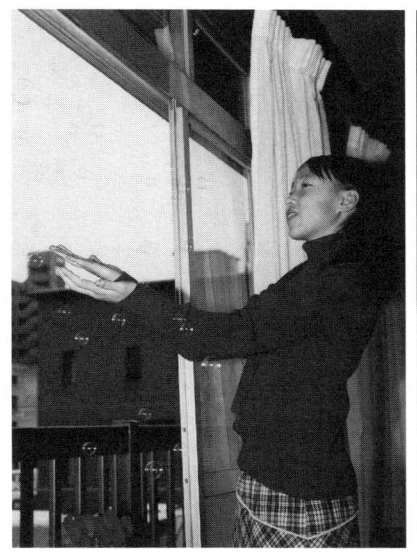

それぞれの人のシャボン玉の体験のしかたと、その時の雰囲気が、音や音楽となって聴こえてくるのです。子どもの写真からは、不思議な驚きや喜々とした感情が聴こえてくるかもしれません。少女の写真からは、シャボン玉の行方を追う視線が、憧れや、未来への期待と重なって、音となって聴こえてくるかもしれません。おじいさんの写真からは、何か昔のことを思い出しているような、懐かしい音・音楽が聴こえてくるかもしれません。

(2) 音に触れてみましょう

　音に触れてみましょう。楽器に触れてみましょう。楽しい時に触れてみたい音や楽器があります。寂しい時に触れてみたい音や楽器があります。力を感じる音があります。優しさを感じる楽器があります。

ワーク5　楽器に触れてみましょう

　楽器に触れてみましょう。身体のどこで触れたいですか。手ですか。足ですか。ほっぺたですか。

---

(3) 動いて音にしてみましょう。空気を動かして音にしてみましょう

　人が動き踊ると、音が動き踊ります。そのつもりがなくても思わずそんな音になります。音楽になります。音に乗ってみると動いてしまいます。踊ってしまいます。そう、音を出す人と、動く人の、その間の空気が動いているからです。

ワーク6　〈絵譜〉を音にしてみましょう。動きにしてみましょう。

　楽器を使って人の動きを誘うことができますか？　動く時に音があると、動きがもっともっと生きてくるでしょう。動きに合わせて音が変わってくるかもしれません。音に合わせて思わず動きの即興が生まれるかもしれません。動きに合わせて音の即興が生まれるかもしれません。息の合った演奏を繰り広げるために、音も動きも息を合わせます。

　次のような〈絵譜〉を音と動きで演奏してみましょう。

『○の話』(「はらっぱde楽譜集①」より)

第1章　音・音楽の可能性

（4）音は遊びの達人です

　遊ぶところに音があり、音のあるところに遊びがあります。どんどん遊びの世界を広げてみましょう。遊んでいるうちに、自分の中にあるさまざまなイメージが見えてきます。自分の感じていたことがぼんやりと現れてきたりします。小さい頃に遊んだ自分の姿を思い出すこともあるでしょう。

ワーク7　どんぐりなどの音楽を創ってみましょう

　どんぐりやまつぼっくりなどからは、どんな音や音楽が聴こえてくるでしょうか。
　音にしてみましょう。音楽を創ってみましょう。

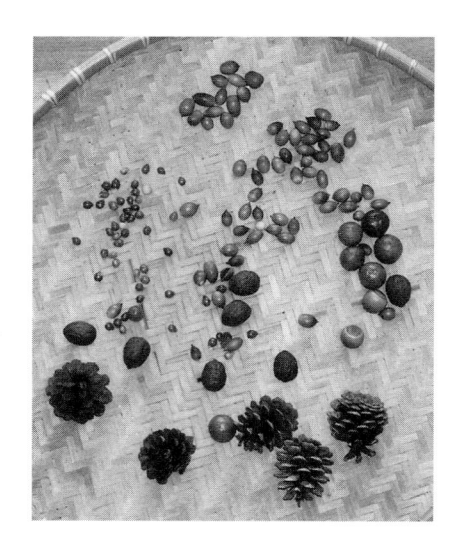

実際にどんぐりなどを転がしてみるのも楽しいでしょう。ハンドドラムの中では、どんぐりがそれはそれは楽しい音楽を演奏するでしょう。どんぐりならソプラノシロフォン、栗ならばアルトシロフォンになるかもしれません。『どんぐりころころ』の曲も聴こえてきそうです。

ワーク8
（次頁参照）

ワーク8　波の音・雨の音を探してみましょう

　波の音を探してみましょう。雨の音を探してみましょう。

　寄せては返す波の音は、寄せては返す波の動きです。その波の動きのままに音を動かしてみましょう。この動きは、何かの中で細かいものを少しずつ動かし、その動かす速さが微妙に変化していく時に生まれてきそうです。例えばドラムと豆、箱と小石の組合せでも生まれてくるかもしれません。波の大きさはドラムや箱の大きさに比例するでしょう。波の種類は、豆や石の種類で決まるでしょう。

　一緒に揺れてみましょう。すぐに波の気分です。

　波が横に揺れて出る音だとすれば、雨は、それを縦に揺らして出る音でしょう。上から豆や小石が降ってくる音は、いろいろな雨の音を聴くことになるでしょう。空き缶の底をバチの柄の先で連打しても、お気に入りの雨の音になるのではないでしょうか。

ワーク9　動物の音を探してみましょう

「ぞう」「うま」「たぬき」「あり」を音で表してみましょう。どんな楽器を選びますか。

「ぞう」「うま」「たぬき」「あり」と音を選んでいくと、不思議に楽器もだんだん小さくなるでしょう。音を出す時の身体の動きも変わるでしょう。「ぞう」に変身すれば「ぞう」の楽器を発見できました。「あり」に変身すれば「あり」の楽器を見つけることができました。

ワーク10　ボックスシロフォンとボールで遊んでみましょう

ボックスシロフォンとボールで遊んでみましょう。
　シロフォンの上にボールが転がると、それはそれは楽しい遊びの世界でした。

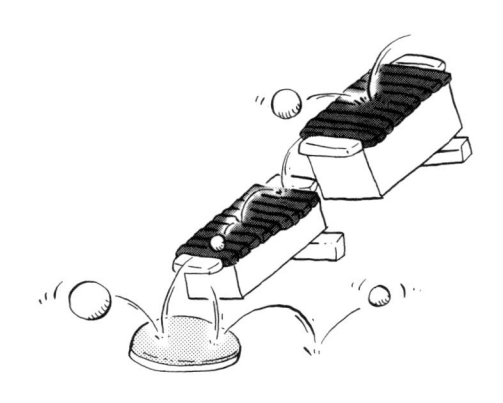

　ボールが動きます。音が動きます。生きているようです。自分も転がった気分です。

(5) 音で伝えてみましょう。繋（つな）がってみましょう。

　ただ音を出そうとするだけなのに、伝わったら嬉しく、いつの間にか伝えようとしている自分に気がつきます。どうやって伝えようとしているのか、自分のコミュニケーションのありかたを考えます。

ワーク11　楽器コミュニケーション遊び

　それぞれが好きな楽器を手にして、何人かで輪になって座ります。ある人が誰かに向けて音を出します。その音を受け取った人は、また誰かに音で伝えようとします。それを繰り返していきます。

①手にしている楽器や音の出るもので、音を伝えようとしてみます。
②みんな怒っているという想定で、音を出してみましょう。
③優しい気持ちで音を出してみましょう。
④音を使わないで伝えてみましょう。
⑤目を閉じ、音を聴いて、その音が自分に向けられていると感じたら、自分の音を出してみましょう。

いろいろな伝えかたがあることに気づきます。

Q. 音をどのように出していましたか。音で伝えるほかに、どんな手段で人に伝えていましたか？

Q. 伝える時にどんな気持ちがしましたか？ 楽しく感じましたか、不安でしたか、一生懸命でしたか、ドキドキしましたか、嬉しかったですか？

Q. よく伝わりましたか？ 伝えることと受けること、どちらがうまくいきましたか？

ワーク12　音を合わせる

「私と同時に手をたたいてください」と言い、一人が自由に手をたたいてみます。他の人は合わせようと手をたたきます。
　1回、2回と不規則にたたいたり、リズムを取ったりすることもできます。だんだん速くして終わりに向かっても楽しいでしょう。

Q.　音が合った時に、どんな気持ちがしましたか？
Q.　どのようにして音を合わせようとしましたか？　その時に何を感じましたか？

2　音・音楽に何が見えるのでしょうか

　自信満々で出す音は、元気で強く感じられるでしょう。不安一杯の人は、そっと楽器に触れるだけかもしれません。そこに、音を出す人の呼吸が見えます。人は、楽器に何か話しかけるように音を出します。自分の気持ちをわかってくれと言わんばかりに音を出します。人は、自分を音や音楽の中に映すために、音を出します。音や音楽の中に映った自分の心身や人の呼吸を感じる時に、音・音楽に心動かされるのでしょう。音や音楽の中に映っているたくさんのものを見てみましょう。たくさんの映りかたがあります。たくさんの見えかたがあります。そのためには、自分でたくさんの音・音楽を経験することが大切でしょう。そして、人を感じようとすることが大切でしょう。

(1) 呼吸

　人が音楽をしようとする時、その人の心が動きます。その心の動きが、呼吸の変化となり体を動かし、音を動かし、音楽を創るのです。人は動いて音を出します。音楽を創ります。そこに必ず「呼吸」があるのです。その呼吸を感じてみましょう。どんな呼吸をしていますか？　浅い呼吸ですか、深いゆっくりした呼吸ですか、いつも同じ呼吸で過ごしているのですか、その呼吸はさまざまに変化していきますか？　さまざまな呼吸が感じられるでしょう。その呼吸が音や音楽の中に現れてくるのです。

　私たちは、音や音楽にその人の呼吸を見ることができます。もっと深く見ていくならば、その人の生きかたも見ていけるかもしれません。生きている「呼吸」、生きてきた「呼吸」だからです。**図1**で示すように、音や音楽と共にある行為は、すべてこの「呼吸」につながり、その呼吸という捉えがたいものの形を、心身の動きを通して、直接に表現することになるのです。

図1 呼吸と音・音楽

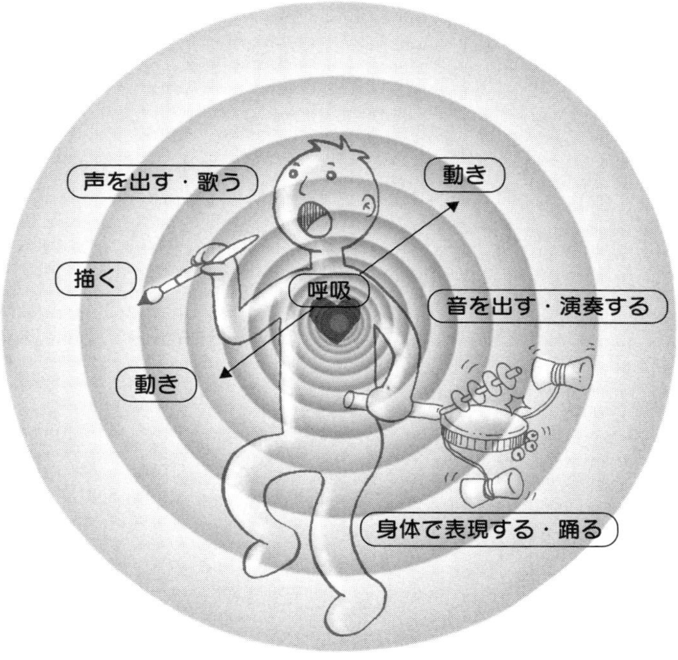

声を出す・歌う
動き
描く
呼吸
音を出す・演奏する
動き
身体で表現する・踊る

（2）心身リズム・テンポ

　自分が動く時、歩く時、喋る時に、心地よいと感じるリズムやテンポがありますか？　人は、それぞれ自分の生きやすいリズムやテンポを感じながら生活しています。自分のリズムやテンポで一日生活できれば、その日は心地よかったと感じるでしょう。急いだり、何かに無理に合わせなければならなかったりした日は、疲れたと感じるでしょう。

　いつも早口で自分の考えを話す人が足早に歩く姿をよく見かけます。考えることも速く、口を動かすことも速く、そして動くことも速いのです。反対に、食べることもゆっくりで、喋ることもゆっくり、移動する動きもゆっくりで、しかし確実に最後まで話すような人がいます。また、自分のリズムやテンポを、場面によってうまく変化させられる人もいるかもしれません。反対に、変化させることの難しい人もいるかもしれません。

　音を出す行為には、その人独自のこのような性質が明確に表れてきます。自分にとても自信のある人は、明確なリズムやテンポでしっかりアクセントのついた音にしようと、足幅もしっかり取り、楽器の前に立つでしょう。思いっきり音を出したあとは、にこやかに、身体を動かし切った状態で、いい気持ちになっているかもしれません。不安な人は、少し楽器から離れて、弱い音の連続で、リズムやテンポの変化をつけることができないかもしれません。逆に、終始、一定のテンポやリズムが取れずに不安定に音を出すかもしれません。そして、いつ終わったらよいのか不安のまま、息を吸った状態で終わるかもしれません。楽器の前に立つ姿、音を出すための動きかた、そして、音の強弱やリズム・テンポ、音の持つエネルギー、音を出したあとの動きや呼吸の中に、その人の心身のリズムやテンポが見えてくるのです。

　揺れる音楽の中には、揺れる心のリズムが感じられます。心を揺らすことのできない人の、例えば3拍子のワルツの演奏はぎこちなく、その人はワルツを踊ることを決して得意とはしないでしょう。おっとりとした人が得意とする曲というのもあるでしょう。反対に、気の強い人の演奏のレパートリーによく入っている曲もあるでしょう。このように、人の心と身体が、音や音楽の中で、

リズムやテンポとなって明確に表れてくるのです。

　人は、このような心身のリズムやテンポの存在を、日常の生活の中で、「なんとなくいい感じ」「今日は何だか乗れない」「今日は調子がいい」などと感じているのです。

（3）人の発達

　机をたたいている子どもの姿を見かけます。その子は怒っているのかもしれません。お腹が空いているのかもしれません。お母さんを振り向かせようとしてたたいているのかもしれません。またある人が、ワルツに乗って身体を動かしています。その横では、手をたたき調子に乗せている人がいるかもしれません。人はどのようにして音を出すのでしょうか。何のために音を出そうとするのでしょうか。音を出したあと、何を期待しているのでしょうか。さまざまな音や音楽を、さまざまな状況で、さまざまな目的で使っています。さまざまな音や音楽の行動があるのです。その行動をよく見てみると、そこにその人の発達の状態が見えてきます。41頁の図2は、音から音楽へのプロセスを示したものです。

　人が「音」に気づき、音を使うことから、「音楽」に気づき、音楽を感じるまでのプロセスには、人間の発達のプロセスが顕著に表れてきます。

　人はまず、「音」に気づきます。とても単純な音――物が当たって出る音、落ちてきた時に聴こえる音などが、周りにあることに気づきます。「バ」や「マ」などの音声が偶然に出てくる段階です。この時期は、自分と環境との関係は曖昧で、コミュニケーションの形も希薄な時期と言えます（図2①）。

　次に、単独で存在していた音が何かと関係していることに次第に気づき始め、その関係を知ろうとするようになります。知るために、何度も繰り返すことが行われ、点のように存在していた音がつながってきます。つながってくると、そこに少しずつリズムが生まれてきます。リズムは、そうした点のつながりかたのパターンで生まれてくるのです。人の心身リズムの原初の形はここに表れ始めます。人は、つながった音やリズムを意識し始め、外界との関係も少しず

つ密になってきます。音声は、「バーバー」や「ンマンマン」などといった、柔らかい喃語調の音が多く聴かれるようになります。音によるコミュニケーションが少しずつ見えてきます（図2②）。

　その「少しずつ」がつながって、形となって理解できてくるのが次の段階です。音が部分的に音楽となっていきます。線がつながって面のようになり、リズムのパターンや、メロディーやハーモニーの一部分を捉えて反応していくようになります。自分でもいろいろな音をつなげて、言葉や音楽を創り始めます。自由に音をつなげていくことで、コミュニケーションの可能性をどんどん広げていき、言葉でのやりとりも始まってきます（図2③）。

　そして、メロディーやハーモニー、リズムなどが集まった「音楽」を理解していくようになります。ますます言語はつながり、コミュニケーションのありかたも複雑となっていきます。明確に「音楽する」行為が現れ、音楽を楽しむようになります（図2④）。

　このように、音が音楽となっていく過程は、人が外界とやりとりをしていく過程の変化と並行して捉えることができます。音に気づくということや、音を意識的に出すということは、すでに外界とのやりとりを始めているということなのです。この段階から、音・音楽とコミュニケーションの発達は、切っても切れない関係となります。人と人が繋がるコミュニケーションの発達の初期から、音は深く関与しているのです。音・音楽は容易に人と繋がり、また、人と人とを繋ぎます。人と繋がり、人を感じることができる発達が、人の心と身体を動かしていきます。偶然に出た音や、すでにそこにあった意味のない音が、心と身体の動きと共に明確な音声となり、抑揚となり、アクセントとなり、音の大きさや高低となり、言語や音楽やコミュニケーション手段へと変化していきます。音を「音楽」としていこうと欲し、さらに豊かな音楽を求めることは、人と繋がって初めて可能となる、豊かな心の発達を求めることになるのです。

図2 音から音楽へのプロセス

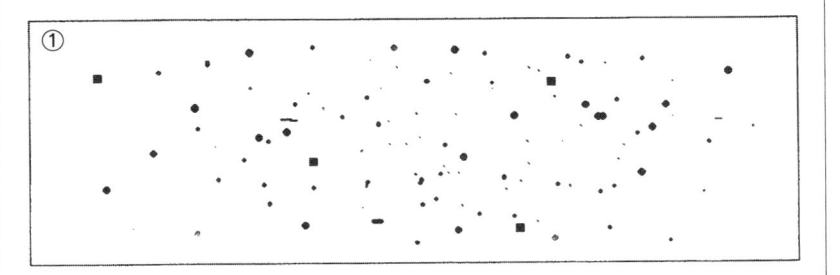

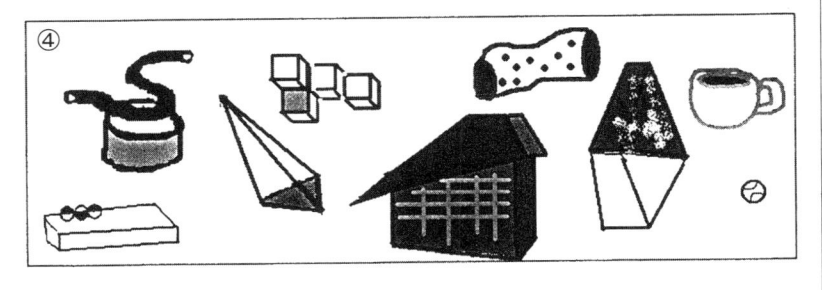

①

②

③

④

第1章 音・音楽の可能性 41

（4）人のこころ

　好きな楽器を選ぼうとして手にした、その楽器に、自分を見ることができるかもしれません。あまり目立ちたくないと思うと、大きな楽器は手にしないでしょう。反対に、指導的立場を取りたい、目立ちたいと思うことの多い人は、ドラムなどの大きな音の出る楽器を選ぶでしょう。珍しい形をした楽器、楽しい音の出る楽器、小さな音しか出ない楽器など、その楽器を手にした人とそれぞれの楽器を合わせて見てみると、その人の性格になんとなく近いものを選んでいるように思うことがたびたびあります。

　どうやって音が出るのかわからないから知りたくて楽器を選んだ人もいるでしょう。好奇心一杯の人かもしれません。あまり動揺したくない時は、身体の動きをあまり要求されない楽器を選んでいるでしょう。このように感じて選んだ楽器を操作していく中で、音は表現として自分を映すことになります。手にした楽器で音を出して楽しく、それが気持ち良いと感じたり、自分の想いを表現してくれない、つまり、呼吸が合わないと感じたりすることで、自分の気持ちを知ることができます。気持ちと、表現する楽器とが合わないと、ストレスを感じることになります。

　しかし、「気持ちと合わない」と感じることも、実は、自分を知ることにつながるのです。楽器が音を出すために要求する動きや呼吸によって表現してみて違和感を感じ、初めて、楽器が要求するものではない自分に気がつくこともあります。つまり、音に映った自分の姿を感じることができるのです。自分の内界に音で気づいていくのです。あまり冗談を言うことのない人が、自分の吹くダックコールの音で人が笑った時に、これまで経験したことのない快感を感じるかもしれません。自分でも意外な内面を感じることになるかもしれません。音との出会いは、呼吸との出会いです。新しい音・音楽との出会いは新しい呼吸、新しい自分との出会いなのです。

　自分の性格や気持ちが呼吸や動きに表れます。その動きが音や音楽となっていきます。音や音楽を体験することは、その人を知ることになるのです。演奏会に出かけていくのは、演奏する人を、音や音楽を通してより深く感じられる

からでしょう。音楽に打ち込む姿の中に、自分自身の姿を映し出そうとする営みが見えるのです。

3　音・音楽の可能性

　音・音楽の持っている力を、私たちは精一杯に感じたいと願っています。できることなら、音・音楽の優しさや強さ、たくましさを分けてほしいと思っています。利用させてほしいと思っています。音・音楽は、「どうぞ、使ってください」と、私たちにその可能性を見せてくれますが、なかなかその世界の懐は深いようです。

（1）音・音楽の可能性

　音を聴きます。音を見ます。音楽を聴きます。音楽を見ます。音に触れることや匂いをかぐこともできます。音で動いてしまうこともあるでしょう。音でさまざまなことを感じ、考えるでしょう。音や音楽は、人がさまざまな感覚で体験していける可能性を持っています。
　その中でも特に、発達の可能性に深く関係する6つの感覚の体験を考えてみます。

聴く
　聴くことだけでも、外界とのやりとりは行われます。音や音楽を生活の中で聴くことで、さまざまなイメージや感情の豊かさにつながる感覚を持つことができます。音を聴くことで、発達に欠くことのできない、外界との関わりそのものを発達させることになるのです。

見る

　音は見ることができます。音を出そうとする人の表情や動きを見て、マレットの高さや振り下ろされるスピードを見て、音を聴くように、「見る」ことができます。音の振動をボールなどの動きとして見ることもできます。そしてそこに、音の呼吸を見ることもできるのです。

触れる

　音に触れることは、振動に触れる体験となります。さまざまな楽器の振動は、人の原初的感覚である触覚の刺激となります。手で触れることは、その後の手の操作へとつながっていきます。楽器には、木や鉄など、さまざまな素材の温度があります。表面の素材の違いも、触って感じることができます。

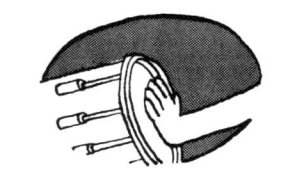

動く

　音は、人が音を出す時に、さまざまな動きを要求してきます。その人の動きのままに音は動き、表現します。その人の動きが呼吸の動きとなり、心の動きとなるのです。音楽を聴いて心が動けば、自然に身体が動きます。たくさんの動きのヴァリエーションで、たくさんの音や音楽を生み出し、そして音や音楽と共に動くことで、たくさんの心の動きを体験できるのです。

感じる

　音や音楽を感じることは、自分を感じることに

つながります。わずかな音を感じられることや、わずかな音楽のフレーズに感覚を傾けることは、環境に対して敏感で、人の心を豊かに感じることを可能にします。そして、感じることは、理解につながっていくのです。

考える

さまざまな感覚を同時に使用することができるようになると「考える」ことが可能になっていきます。音の意味を考えるでしょう。音を出す時に考えるでしょう。考える時の整理力や構成力は、音が音楽になっていく過程や音楽を構成する過程と同じ発達の段階を示します。そして、音を使って伝えることや音楽することは、人の歴史や時代まで考えることになります。さまざまな感覚を統合させながら、音をイメージしたり音を出したり音楽することで、人は考え、そして豊かに発達していくのです。

（2）音で繋がること

音は、人と外界とを繋ぎます。音は、人の初期の発達段階から、自分の世界と外の世界を繋ぐものとなります。人の発達は、音を手がかりにどんどん世界を広げていきます。人は、社会の中で人と共に関係をとりながら発達する存在です。この関係の発達に、音は大きく関与しているのです。例えば、乳幼児の音との関係の発達を見てみましょう（図3）。

音が聴こえて音に気づきます。音に気づく発達が必要です。それ以前には、音に触ることで、直接、気づくこともできます。その音源を確かめようとします。動きます。音を出そうとします。音で表現できることを体験します。音の

図3 子どもと音の関係の発達

① 音に気づく

② 音に近づく

③ 音を知ろうとする

④ 音が遊びとして広がる

⑤ 音がコミュニケーション遊びとして広がる

意味を知ろうとします。それを使って人を動かしたり、何かの合図に使おうとします。そして、人に伝わる、人を動かす……というように、ますます工夫して、音を創り出していきます。

このように、人は、一人の世界から、音に気づき音源を探索していき、そして、そこに人の存在を見ることができるようになります。人と人との繋がりを、音との関係の中に見ることができるのです。

音は、ノンバーバル（非言語）コミュニケーションを容易に可能にしてくれます。このノンバーバル・コミュニケーションは、言語によるコミュニケーションの土台となるもので、人はコミュニケーションの大部分を、このノンバーバル・コミュニケーションで行っているのです。音や音楽は、ここで力を発揮します。音を出す時に相手を見ること、表情や身体を動かすこと、アクセントやフレーズをつけること、リズムをつけたり、テンポを変化させて表現しようとすることなど、のちの音声言語のありかたにもつながるさまざまなノンバーバル・コミュニケーションの体験を、音や音楽を通して得ることができるのです。

一緒に声を出すと、または音を出すと、気が合ったように思うでしょう。そこには同じ呼吸があり、その同じ呼吸で繋がっていると感じるのです。一緒にリズムよく調子に乗って歌を歌えば、もっと愉快に繋がることができるでしょう。

このように、人と繋がるコミュニケーションの基盤を、音や音楽の中に見ることができるのです。音や音楽の行為に、自然に、「繋がる」ことが伴ってくるのです。そして、繋がろうとすればするほど、多くのコミュニケーションの可能性が、音を出す行為に、そして音楽する行為に自然に伴ってくるのです。

（3）音楽の社会化

音楽は、容易に社会に溶け込んでいきます。どんなところでも容易に受け入れられます。子どもから高齢者までほとんどの人に受け入れられるものです。それだけ、人は、音と共に、音楽と共に生きているのです。生きていく過程で

味わう喜びや苦しみ、悩み、希望、そして慰めを、音や音楽と共に体験しているのです。人は、音や音楽にさまざまな想いを映します。言い換えれば、音や音楽の中に、その人の人生を見ることができます。

　皆に受け入れられるものだからこそ、一緒に音楽をしたい、音を合わせたいと、人は願うのかもしれません。時に、地域で皆が集まるために音楽が利用されます。一つの学年、一つの学級の力を一つにまとめるために、音楽が利用されます。ある時は家族の絆を深める時間を、またある時は障害にとらわれず人々が出会える場所を、音楽が提供しているかもしれません。素晴らしい演奏家のコンサートから、小さな音でロビーに流れる邪魔にならない音楽、若者が集まり踊る音楽、風景にある音や懐かしい昔を思い出させる音や歌など、それぞれの社会の中で、その姿を時代やその場の要求に応じて変化させながら、音や音楽は巧みに姿を変え、人々の元気のために、幸せのために貢献してくれているように思われます。

　　　音を出すことは楽しい。その音に人が気づいてくれたら、ますます楽しい。調子よく音楽している時は、誰とでも気が合い、呼吸が合う。音楽に乗れると気持ちがいい。
　　　音・音楽の世界は、私たちの予想を遥かに越えて広がり、楽しさ、心地よさ、豊かさ、感動を、次から次へともたらしてくれる。

Co-Musictherapyで使われる楽器の例

キッチン・パーカッションと
カン・パーカッション
いろいろ

マレット
いろいろ

ドラム・弦・竹の
いろいろ

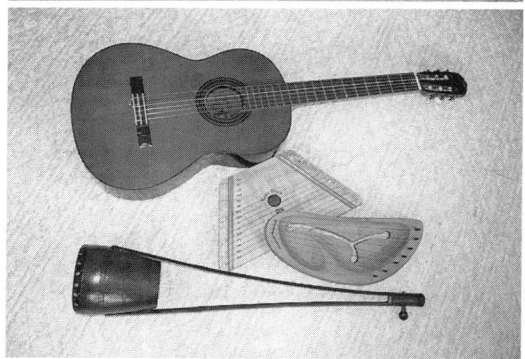

第 2 章　Co-Musictherapy の定義

　これまでの音楽の世界を通して
もう一歩、人の世界に入っていくのが
音楽療法とも言えるでしょう。

　それではごゆっくり。

第2章　Co-Musictherapyの定義

1　オルフ・ムジークテラピー

　ドイツのミュージック・セラピスト、ゲルトルート・オルフ（Gertrud Orff 1914－2000）は、夫であった作曲家カール・オルフ（Carl Orff）によって考案されたオルフ・シュールベルク（Orff-Schulwerk オルフ教育法）から、オルフ・ムジークテラピー（Orff-Musiktherapie オルフ音楽療法）を生み出し、発展させました。カール・オルフはシュールベルクのサブタイトルを「子どものための音楽」とし、エレメンタルな（elementar＝本質的な、基本的な）音楽の重要性を次のように述べています。

　　始まりは、叫びや韻をふむこと、言葉、歌うことである。エレメンタルな音楽、楽器、言葉と動きの形態は、動くことと歌うことと遊ぶことの中で一つのまとまりとなる。エレメンタルな音楽は、決して音楽だけではなく、動きと踊りと言葉でつながっている。エレメンタルな音楽は自分で行わなければならず、聴き手としてではなく能動的に演奏者として参加し関係しなければならない。エレメンタルな音楽は、知的概念形成以前の感覚的なもので、きちんとした形式を持たず、誰にでも学び体験することができる、子どもに適する、自然な、厳正的な、肉体的なものである（G. Orff 1974：12）。

ゲルトルート・オルフは、このようなエレメンタルな音楽の重要性を踏まえ、オルフ・シュールベルクの意義を説いて、次のように述べています。「オルフ・シュールベルクの創造的、自発的に〝音楽する〟アイディアを利用してセラピーを行うことができる」(G. Orff 1974 : 12)。また、オルフ楽器を中心とした素材としての楽器を中心に、次のようにシュールベルクとセラピーとの関係を述べています。

　オルフ・シュールベルクのアイディアは応用され、セラピーのレベルに移し変えられた。素材、すなわち、楽器によって私たちは三つの使用方法を持つ。
　① 音を出すという行動を可能にする
　② セラピストと子どもの関係を引き離したり結びつけたりする
　③ 自己表現ができ、社会的な訓練を可能にする。ここでも距離の調節の働きをする
素材を利用して、三つのノンバーバル・コミュニケーションが可能となる。
　① 子どもから素材へのコミュニケーション
　② 素材を通して子どもからセラピストへのコミュニケーション
　③ 子どもから他の子どもへのコミュニケーション
このようによく見ると、オルフ・シュールベルクには、このような素材があるということで、すでにオルフ・ムジークテラピーが含まれていたので

ミュンヘン小児センター
「真に生きられた統合」像

ある。シュールベルクを創造的に使うこと自体がセラピー的な観点を持つことになるのである（G. Orff 1974 : 13）。

また、ゲルトルート・オルフは、セラピーのためにオルフ・シュールベルクは宿命と言えるほど機能すると述べ、その理由として、次のように述べています。

> シュールベルクは、多感覚に使用したり知覚したりすることができ、他者とやりとりしながら音楽していく社会的音楽行動を促すからである。そして、音楽的表現方法として、シュールベルクにおいて
> 　動き（人のしぐさから空間認知）
> 　言葉（特に音声や言葉や歌の中の抑揚）
> 　楽器（リズムのみのものとメロディーのあるもの）
> は自由に使われるのである。これらの音楽的要素は組み合わせて使われる。多感覚な刺激は、一つの重要な感覚がなかったり、障害があったりする場合でも使用できるのである（G. Orff 1974 : 199）。

こうしてオルフ女史は、ドイツ・ミュンヘンの小児センターで、オルフ・メソードにおいてエレメンタルと呼ばれる基本的なリズムや言葉、動きなどを、障害児を中心とした対象者に対して直感で適用し、「オルフ・ムジークテラピー」として確立しました。

オルフ女史は、音や音楽を使った遊びを、自発的な「遊び」として展開させていき、対象者の自由な意志表現を引き出すための即興の場として、実に見事に効果的に使っていきました。対象者の自由な意志を尊重し、そこに見出した対象者の姿から多感覚にアプローチしていくその手法は、対象者の心を素早くとらえて解放し、そして発達に結びつけていきました。

毎回のセッションで、子どもたちは部屋に入ってくるなり「フラウ・オルフ」と言ってオルフ女史と握手します。子どもたちはすぐに、彼女を自分たちの味方だと感じとるようでした。オルフ・ムジークテラピーには、子どものありの

ままの姿から出発するオルフ教育法と共通する形を見出すことができます。子どものありのままの姿を表現させ、受けとり、遊びを通して発達や行動の変容に導いていったのです。

筆者（中島）は、そのオルフ女史のもとでオルフ・ムジークテラピーを学び、帰国後、そのセラピーをより具体的に、他領域との関係や多感覚性を求めて発展させていきました。そして1987年に、「コ・ミュージックセラピー（Co-Musictherapy）」というモデルを提唱したのです。

2　Co-Musictherapy

Co-Musictherapyは、人の発達と音・音楽との関係を、非常に細かく関係づけて考えます。この関係を深く観察・研究することで、発達に障害のある人に、音・音楽を効果的に利用できると考えました。また、その発達の過程のごく初期から、音・音楽を「楽しい」と感じるところに遊びの存在があり、この遊びが人の発達の過程で形を変えていきながら、生きる豊かさの支えとなっていると考えました。

このように、人が「音」をより具体的に遊びとしていく過程、音楽としていく過程、音楽を創造していく過程に伴う発達をセラピーの軸として捉え、遊びの形で展開していく方法を、Co-Musictherapy と名づけました（音と発達に関しては、第1章2の(3)を参照）。

ラテン語に語源を持つ Co は、「with＝共に、一緒に」という意味の言葉です。人の心身の発達は、運動、認知、言語や社会性などさまざまな領域に及び、医学、教育学、心理学などの学問分野で研究され、発達を援助するためのさまざまな方法論・技法が生みだされました。発達を軸にする Co-Musictherapy は、これらの領域と自然につながっていきます。人の発達と関係する領域すべてとどこかでつながる可能性があるとも言えます。ケネス・E. ブルーシアは療法場面の音楽について「もし音楽の持つ無数の療法的可能性をすべて使おうという

のであれば、他領域で確立しているような音楽の伝統的定義や境界線は越えていかなければならないということである」（ブルーシア 2001：99）と述べています。

　また遊びとして展開していく中で、さまざまな素材や教具、玩具などを幅広く使用していきます。これまでのその人が経験した音や音楽と共にあった人や物、風景、その時の気持ちやさまざまな感覚とも繋がっていくでしょう。さまざまな心身の発達や学問領域、物や人や自然や宇宙全体と繋がっていくこと、つまり Co となるわけです。

　どのようなセラピーにおいても Co の必要性は言われています。人を人として支えるためのセラピーであれば当然のことだからです。しかし、Co としてセラピーを行っていくことは、実際には非常に困難です。Co-Musictherapy では、Co として繋がる部分を、できるだけ直接に、音・音楽の中に技法として追求していこうと考えます。そのために、音・音楽を使って多感覚に対象者となる人を映し出し、その映し出された人が、どのように、「発達すること」「生きること」「豊かさ」と今の「生」を結びつけていくのか、対象者の行動や生活の変容に結びつけていくにはどのような多感覚なアプローチが必要なのかということを、音・音楽を使った遊びや即興を行いながら、できるだけ具体的な方法として生み出していくのです。この、具体的方法として生み出すという点が、このモデルの最も難しいところかもしれません。しかし一方で、最も重要なところとも言えるでしょう。

　対象者は、日々を生きていくエネルギーを生み出すことを願っています。その対象者の心身に向かいあい、出会っていくセラピーにおいては、セラピストの「生み出す」エネルギーは、当然必要なのです。おそらく、この「生み出す」力は、「楽しい」という気持ちに支えられ、育てられていくことでしょう。

3 Co-Musictherapy における基本的視点

(1) Co-Musictherapy における「多感覚」

　人は、音・音楽に触れる時には、聴くこと、見ること、触れること、匂うこと、動くこと、考えることなど、多感覚に体験していることについては、先に記しました（第1章「音・音楽の可能性」）。

　例えば、聴覚に障害のある場合、音を聴くという感覚のみを取りあげれば、その対象者は音を聴く可能性はほとんどないことになってしまいます。しかし、音は、「見る」こともできるのです。大きくマレットを振り上げ、下ろす動きを、大きな音として見ることはできます。もしかすると、そのそばにいて、空気の速い流れを感じることができるならば、それは音を「感じる」ことになるのです。ドラムの上に手をのせると、振動で音を「触る」こともできます。たくさんの揺れは多くの音の存在を、触覚を通して伝えることになるでしょう。

　このように、音・音楽は、音の出る身体や楽器、音を出す行為から起こる現象を通して、人のさまざまな感覚、つまり多感覚にアプローチできる可能性を持っているのです。このことは、一部の感覚に障害があったり、重度の障害のある対象者に対してもアプローチできる可能性を私たちに示してくれます。

　しかし、音・音楽を提示しさえすれば、対象者に対するアプローチの可能性が見えてくるわけではありません。セラピストという人間がそこに介在し、音・音楽をどのように提示し何を感じるのか、対象者の中に何を観察できるのかということが、可能性を見ることにつながるのです。つまり、可能性に気づくセラピストの存在が重要なのです。気づくためのセラピストの多感覚性が問われることになるのです。

　セラピストの多感覚性で出会うことのできた対象者に対しては、より効果的

に対象者の感覚にアプローチを展開していくことができます。対象者のさらなる発達や改善の可能性が芽生え、その可能性の中の具体的な目標に向かって、音・音楽が効果的に作用するように、セラピストが多感覚な遊びを対象者に提示していきます。多感覚性はすべての場面に要求され、セラピストを通して、さまざまな対象者とCo-Musictherapyの出会いを可能とし、対象者が自分の感覚と出会い、自分の可能性と出会っていくために作用するのです。

（2）Co-MusictherapyにおけるCo──「繋ぐ」こと

　すでにCoということについて述べました。発達や遊びにおいては、他の領域や、さまざまな人や物、素材とのつながりは自然に行われていきます。しかし、そのつながりを明確に意識しながら、音・音楽をさまざまな遊びとして展開していくと、より細かな「繋ぐ」作業や、可能性への気づきが、セラピーの効果として表れてくることがわかります。「繋ぐこと」の連続が、セラピーのプロセスそのものとなっていくのです。

　例えば、ある自閉傾向の対象者が歌を唄います。声を出そうと身体を揺らしながら唄うのですが、音程はほとんど取れていない状態です。体の揺れをよく観察してみると、前後の硬い揺れに見えます。これが柔らかい揺れに変わっていくことと、音程が生まれくることは、心身の柔軟な適応力と関係してくるのです。

　意識して声を出すには、コミュニケーションの意識と呼吸の意識が必要です。しっかりとした息を意識することは、自分を意識することにつながります。対象者が自分でも思いがけずに、しっかりと息を吸って吐けるようにするためには、セラピストが自分の息をしっかりと相手に伝えようとしなければなりません。自分自身を、対象者の前で表現する必要があるのです。

　音程を取るには、コミュニケーションの能力が必要となります。合わせようとする気持ち、それに適応できる心身、音の高さをイメージできることなど、さまざまな発達とつながってくるのです。

　対象者が深い息に声をのせていったり、少しずつ音程を取っていく過程や、

身体を硬い決まったパターンで揺らす動きを減らす過程で、しっかりと自分を意識することや、心身の環境への適応や、コミュニケーション能力の改善が見られるようになります。ただ歌を唄うということだけでも、声を出すこと、息を意識すること、音程を取ることなど、いろいろなアプローチの用いかた次第で、適応力やコミュニケーション力などの発達に繋がるのです。

　絵を描かないと言われていたある子どもが、音を描く活動の場面で、クレパスを持った手を動かし始めました。点や線が自由に紙の上に描かれていきます。小さな手の動きは、音の大きさに比例して同じように大きくなっていきます。絵の具を利用すると、いろいろな色が混ざり、思いがけず暗い紫色になり、その子どもは、セラピストを見てはっきりと、「ぶどう」と言ったのでした。

　音を描くという活動においては、セラピストは、音を出す動きを、子どもが気づきやすいように大げさに表現します。子どもは、楽器で音を出すセラピストの動きを模倣して動き、描くものが思いがけず線や点になっていく楽しさを感じ、「これでいいんだね」という安心感の中で表現することを体験していきます。創り出す喜びや表現の可能性を発見し、共感しようとする、コミュニケーション力の発達を得ていったのです。

　こうした実際の場面で、感じたことや観察したことを、発達と「繋ぐ」（結びつける）ことができるのは、その場で対象者と出会っているセラピストだけなのです。セラピストが音楽をするまでのプロセスや、音楽をする行為の中に、いかに多くの「繋ぐ」可能性を持っているか、それに応じて、セラピーは深まり、豊かに展開していく可能性を持つのです。

(3) Co-Musictherapy における遊びと即興

　音・音楽を使う活動は、「楽しい」ということがベースになります。人の発達は、この楽しさの広がりや深まりの中に観察することができます。発達を楽しい遊びの中に見ることができるのです。

　子どもの日常をよく観察するとわかるように、遊びの中で、認知力・運動・コミュニケーション能力・社会性などが発達していきます。子どもの内発的な

動機が、日常の行動を遊びという形に変えていくのです。何度も何度も机から物を落とし、音や動きを繰り返し楽しむことから、ボールを投げ合うこと、しっかりと役割を決めてごっこ遊びをしたり、楽器アンサンブルを楽しんだりすることなどは、すべて内発的な動機から発達していった遊びの形なのです。このように遊びは、子どもの「楽しい」の発達にともなって変化していき、それぞれの発達の段階で、さまざまな形の遊びに展開していくのです。

　音についても同様のことが言えます。人が、一つのリズムを繰り返し感じると、やがてそれに乗って楽しむようになります。もっと「乗る」ために、他の速さに変えてみることもあるでしょう。気持ちが動き、メロディーがついて良い気分になり、音の数が増えて合わさって立体のようになり、ハーモニーを楽しむようになるでしょう。アンサンブルも楽しめます。この過程は、まさに人の発達の過程であり、その原動力は「楽しい」ことであり、「楽しい」からすべてがつながっていくのです。音の存在そのものが楽しく感じられ、音楽すること自体が楽しく感じられる中で、音や音楽そのものが、容易に「遊び」となったり、また、遊びの中に音や音楽が取り込まれて、遊びをもっと豊かに展開させていくことになるのです。

　Co-Musictherapy では、音や音楽を多感覚に利用できる遊びを、対象者の目的に合わせて、常に生み出していく必要があります。瞬間瞬間が即興であると言うこともできるでしょう。アプローチの多くは、対象者の状態を映し出すために、対象者が感じ・考えられるように、音や音楽や遊びを即興で変化させて提供していきます。そして音や音楽に映った姿の中に、対象者の発達の段階や、必要な介入や支援の方法を観察し、即興で、実際のアプローチの方法を変化させていくのです。その変化のさせかたで、さらに発達を促すことができます。音や音楽に映し出された発達がひとたび満たされると、対象者みずからが、次の発達に向かっていくのです。

　従ってセラピストは、対象者を前にして、音や音楽、その機能のさせかたや対象者との関係、介入などを瞬時に変化させていく即興力が必要になります。音や音楽は、対象者を前にして、実に自由な「即興」を可能にしてくれます。即興の音・音楽の介入で、一瞬にして対象者の心身リズム・テンポを変化させ

ていくのはもちろんのこと、瞬間的な即興の音のやりとりで、心身に大きな変化をもたらすこともあります。速いテンポで対象者が音を出した時に、セラピストが即座に速いテンポで音を返せば良いというわけではありません。相手の状態によって、同質のテンポで返すこともあるでしょうし、あるいは、いくつかの音を一つのフレーズとして把握するように返すこともあるでしょう。相手の状況・感覚の状態・目的を把握しながら、セラピストが瞬間的に音を選び、即興していく必要があるのです。

　これを料理に例えてみましょう（**図1**）。

　さまざまな食材があります。新鮮な野菜や肉や魚、パスタを作るための小麦粉、米や豆など、そして香辛料や調味料もそろっているとします。Co-Musictherapyで言えば、これらが、人の持っている音楽の要素、つまり、心身リズムやテンポ・嗜好・音や音楽となります。これらを、対象者を前に、対象者が食べられるように調理していくのです。ただ好きなものを食べられれば良いということではなく、対象者の心身が健康であるために、豊かな食の文化を体験することができるようになることを願って調理をしていくのです。対象者を前にして、素早く時間をかけずにアレンジ——即興で調理していくことが大切です。できあがった料理は、カレーやミートソース・スパゲッティといった既存のメニューになることはあまりなく、むしろオリジナルなメニューが多くなるのです。ここにリクリエーション音楽とは異なる、セラピーとしての音楽があると言えます。

（4）Co-Musictherapyのセラピスト

　セラピストは、「音や音楽に映し出されるもの」すなわち現象として表れる音楽行為が、どのような意味を持ち、どのようなことと繋ぐことができるかを理解し、意識的に他の領域と繋げていく能力が要求されます。これは、気づきの能力と言えるかもしれません。

　図2を参照してください。セラピストはさまざまな音・音楽、素材を目的のために変容させ、対象者の状況に合わせて遊びの形で提供します。その対象者

図1

　さまざまな食材を使い、香辛料や調味料を加えて、オリジナルな料理を作っていく。
　さまざまな音や音楽、楽器、リズム・テンポ、素材を使って、さまざまな遊びの要素や感性を伴い変化させながら、オリジナルな活動を作っていく。

の姿を受けとって観察し、音・音楽や素材がどのように機能し、対象者の変化として捉えられるのかを検証していかなければなりません。また、セラピストの把握し得ない音・音楽や素材が直接対象者の感覚に受け入れられていることもあります。

　セラピストは、対象者を音・音楽に映し出します。できるだけ映りやすい形で、音・音楽を提供しなければなりません。対象者の持っている可能性を映し出すために、多感覚に音・音楽を用意します。対象者の映ったその姿を見て、観察し、どのような発達にあるのか、どのような状態にあるのかを観るセラピストの目が重要になります。そしてまた、目的によって映しかたを変え、対象者を常に新しく発見していきます。対象者の新しい姿を見るために、セラピストは、音・音楽を使い、そして音・音楽を使うみずからを介入させていくのです。従って、セラピスト自身が対象者の中に映ることにもなります。そして、自分自身の姿をセラピストは見つめていかざるを得ません。つまり、常に自分と向き合うことにもなるのです。そこにセラピーの難しさと喜びがあると言えます。

　音楽すること、人に出会い音・音楽で対象者を映し出すこと、そして、映し出された姿を感じること、感じて再び音・音楽を提供すること、これらすべての過程において、セラピストの「芸」に磨きをかけることが大切なのです。セラピストは、常に自分を感じ、自分自身のより統合された姿を期待していくことになります。それを自分自身の豊かな発達と捉え、自分自身の生の意味と共に、出会う対象者の生の意味をも、常に考え続けていく必要があるのです。

　Co-Musictherapy とは何か、それは以下のように定義することができるでしょう。

　Co-Musictherapy とは、音や音楽に人の姿を映し出し、セラピストの多感覚性によってその映し出された姿を受け取り、音や音楽をその対象者の豊かな生の保障のために機能させていく教育的治療技法である。

図2 Co-Musictherapy における主要素の相互関係図

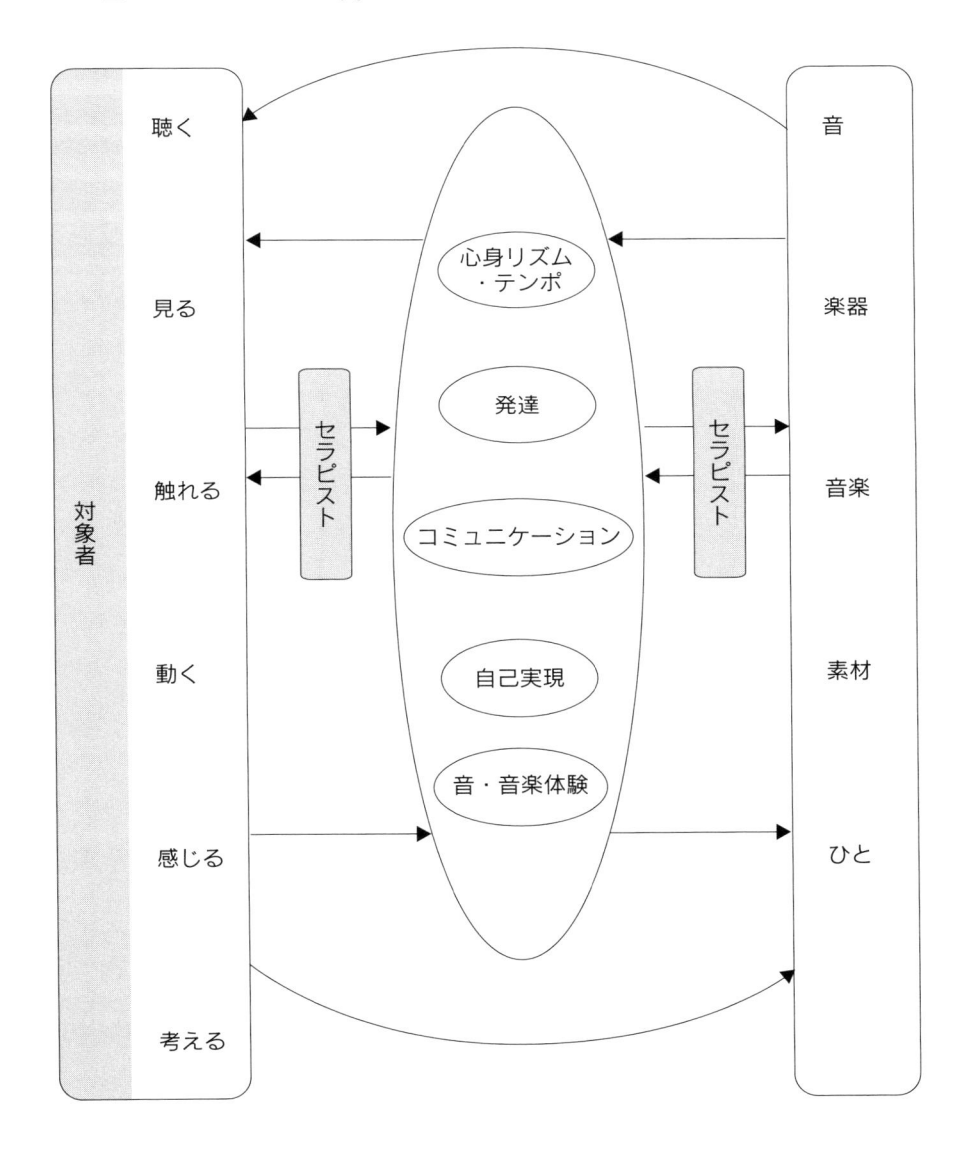

対象者			主要素			
	聴く		心身リズム・テンポ			音楽器
	見る	セラピスト	発達	セラピスト		
	触れる		コミュニケーション			音楽
	動く		自己実現			素材
	感じる		音・音楽体験			ひと
	考える					

第2章　Co-Musictherapy の定義　67

Co-Musictherapyで使われる楽器の例

笛、鈴、その他
いろいろ

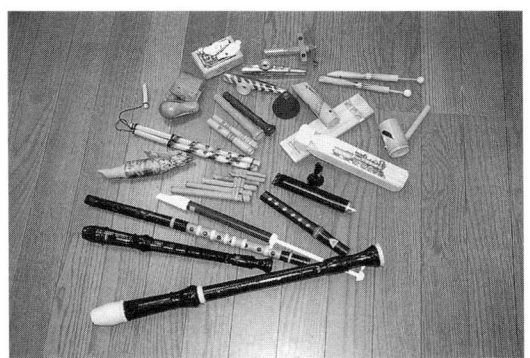

メタルフォン　シロフォン　いろいろ　　木　いろいろ

シンバル　いろいろ

第 3 章　Co-Musictherapy の主要な概念

音・音楽の世界にいたら
立ちどまって考えてみたいことがありました。
考えてみたら、もっと深く音・音楽の世界に気づいていきました。

それではご一緒に。

第3章　Co-Musictherapyの主要な概念

　セラピーのセッションの中で、音・音楽を多感覚に感じていくことは、とても楽しいことであり、また楽しいと感じることが必要でもあります。しかし一方で、楽しいだけでなく、音・音楽がどのように人の心に響き、心身を動かすに至るのか、音・音楽の何に魅せられて人が「音楽したい」という気持ちになるのか、日常生活の中で音楽と人とが密接に関わるのはどのような場面なのか……といったことを意識して考えていなければ、セラピーの世界には進んでいけません。対象者にとっての音・音楽の意味を見つけていこうとするのがセラピーの第一歩であり、人と音楽との関係の中にはかりしれないセラピーの可能性があるのです。

　楽しいと感じながら、同時に、さまざまな状況を意識し考えながら進めていくというのが、セラピーの難しいところです。どちらかに割り切って、今は楽しむ時、今は考える時というふうにセッションが行われていけば楽ですが、そうはいきません。常に対象者を前にして「今」をその場で感じ合いながらも、その時に音・音楽の中で起こっていることを、セラピーの目的に向かって、多感覚に変化させていかなければならないからです。

　ここでは、Co-Musictherapyのさまざまな活動の中で、折に触れて顔を出す概念（考え方）を取り上げていきたいと思います。

1　同質

〈同質 Iso〉は、ギリシャ語の isos を語源とし、「同じ」「似ている」という意味を持ちます。ゲルトルート・オルフは、この〈同質〉の感覚でセラピーを行うことを基本としました。彼女は著書の中で、「セラピストが子どもの表現する行動と同じように行動し、その行動を受け入れることからセラピーは始まる」と述べています（G. Orff 1984: 84）。

Co-Musictherapy においても、この〈同質〉の考えかたがとても重要な位置を占めています。人が表現した音・音楽のリズムやテンポの同質から、さらに広げて、人の動きや呼吸、考えかたや生きかたに至るまでの同質も含めて、すべてを〈同質〉の概念で捉え、それがセラピーの基盤となっているのです。

具体的には、対象者の発した「音」との同質、「音と動き」との同質、あるいは「描くこと」との同質、さらに音や音楽から生まれるイメージや動き・呼吸との同質など、さまざまな感覚で同質は可能です。言い換えれば、音・音楽の持つ多感覚性が、さまざまな同質を可能にしているとも言えます。実際のセッションの中で、さまざまな場面で同質の瞬間を生み出し、それを利用していくことが、セラピーの出発点となります。

〈同質〉が生まれる瞬間は、対象者とセラピストとの「出会い」を提供してくれる瞬間でもあります。ゲルトルート・オルフは、「セラピストは、1回目のセッションで子どもの気持ちをつかまなければいけない。子どもが〝もう1回来てみよう〞という気持ちで帰っていくようにしなければいけない」と述べ（G. Orff 1984: 86）、〈同質〉の原理でセラピーを行うことを勧めています。子どもと同質の行動をとることで、セラピストは子どもの心をつかむことが容易になり、子どもの自由な意志や表現を引き出すことが可能になるのです。

〈同質〉は、対象者とセラピストの出会いでもあり、同時に、セラピーの次の目的に向けての変化の始まりでもあります。対象者の変化への期待は、この

〈同質〉に始まるのです。セッションの中で生まれた一つの同質の状態は、次のセッションの目的に向けて、形を変えていきます。一つの同質によって、対象者に自然な変化がもたらされることもあるでしょうが、セラピーにおいては、同じ〈同質〉の状態に留まることはほとんどなく、同質の〈質〉、同質のありかた、何に同質であるかなどは、常に変化し続けていると言ってよいでしょう。同質の〈質〉が深まれば深まるほど、スムーズに次の目的の方向へ向かっていきます。重度の障害のある対象者になればなるほど、同質が表面的に行われるだけでは次の変化を生み出すことが難しく、同質の〈質〉の深さが要求されることになります。セラピーは人が発達し続けるためのものであり、そのための〈同質〉だからです。

2　リラクセーション

　リラクセーションとは、心身の緊張がゆるむ（弛緩する）こと、気持ちがくつろぐことです。緊張の多い現代社会においては、セラピーにおけるリラクセーションの比重はますます高まってくるでしょう。
　心身の緊張をときほぐし、弛緩した状態に促すのが、リラクセーションとなります。車に例えて考えてみましょう。心身がリラックスした状態は、ギアがニュートラルにある状態、これから前に進むことも後ろに進むこともできる可能性を持つ状態と言えます。いつもトップ・ギアで走っているような人を、どのようにしたらニュートラルの状態へ持っていくことができるでしょうか。
　自分で自分の心身をコントロールし、意識的にリラクセーションの状態に持っていくことは可能ですが、もしそれがうまくいかない場合には、音・音楽を有効に利用できます。音・音楽の引き起こすイメージや、リズムやテンポを変化させることによって、心身の呼吸をコントロールし、リラクセーションを容易に可能にしていくのです。

3　演奏・即興演奏

　演奏の第一歩は、音を出すことから始まります。「私はここにいる」という意思表示から始まった音が、次第に意識的に再現・創造されるようになります。「音楽」として、音が構成され始めるのです。音を出すことに始まり、音楽として意識的に構成していく過程で、恥ずかしかったり、思いがけずできてしまって嬉しかったり、「こうやったらできそうだ」といった自分の感情を、より深く体験し、表現するようになります。音楽を構成していく過程は、感情や認知の発達と大きく関係し（第1章2（3）参照）、人前での演奏体験は、コミュニケーションや共感・受容の体験につながっていきます。このような演奏を可能にするために、Co-Musictherapy では、楽器の選択や楽器の設定の方法、曲の構成の方法などを、対象者に合わせて変化させていくことができます。どんな人でも演奏することが可能となるのです。

　Co-Musictherapy における「良い演奏」とは、どのようなものを指すのでしょうか。ゲルトルート・オルフが「楽器と人との適切な関係が、適切な演奏につながり、そして言語的な表現にもつながることがある」と述べているように（G. Orff 1984 : 18）、演奏者が楽器（楽器として使用できるさまざまな素材すべてを含む）との間に適切な緊張関係を保っている状態で生まれてくる音・音楽を指します。そのような音・音楽には、演奏者の「自分」や「呼吸」が表れており、それが「表現」という形で外に向けられて、社会とつながるエネルギーを持ちます。Co-Musictherapy は、そのような音・音楽を目指して行われます。

　セラピーにおける演奏は、既成の曲を再現することも含めて、すべてが即興であると言えます。なかでも、何もないところから瞬間の音の関係のみで創り始めていく即興演奏は、Co-Musictherapy における最も重要な演奏の活動となります。音から始まって音楽に至るすべての関係を、呼吸でつないだものが即興演奏なのです。そこには呼吸が最も明確に浮き彫りになってくるために、日

常生活の中ではあまり意識できない、その人のコミュニケーションのありかたや、心身のリズム・テンポが表れやすくなります。そうしたことを、セラピストは、演奏の始まりから終わりまで、共に演奏をしながら感じ、観察します。対象者の状態と共に、自分自身の状態も感じ、観察することができます。そして対象者と自分の状態、その関係性、コミュニケーションのありかたなどを、セラピーの目的やアプローチの方法を考える際に生かしていくことができるのです。

　何人かと一緒に行う即興演奏では、一人一人の呼吸がどのような関係を作っていくのか、その関係のありかたによって、演奏の豊かさや、楽しさ、深さが生まれてきます。呼吸が合っていれば、音が規則的に続きやすく、リズムも生まれて、心地よい音楽となっていくことでしょう。しかし、そこに敢えて、音色や強弱の変化、アクセントをつけるといった介入をすることで、より楽しいと感じられる豊かな音楽が生まれてくるかもしれません。集団での即興演奏においては、相手の音を受け入れたり、相反する音をわざと入れたり、同じ音を一緒に持続させたり、途中で離れたりするなど、さまざまな人の音の感覚、コミュニケーションのありかた、呼吸が反映されるのです。

　音楽を即興で作って演奏していく過程は、ノンバーバル（非言語）の活動であり、どの発達段階にある人も、音を出すことの楽しさを保障されます。音を出すことができれば、心身の発達と同時に、高度な音楽性も要求される即興演奏へと展開していくことができます。即興演奏は Co-Musictherapy における重要な柱なのです。

　即興演奏では、音の可能性を尽きることのない興味をもって追求していくことができます。興味を持つことは、発達のエンジンとも言えるでしょう。即興演奏は、発達に欠くことのできないさまざまな人や物との関係を、共に演奏を楽しむ相手の動きや呼吸、楽器の存在を通して、多感覚に体験できる時間・空間であると言えます。

　自分で創り出す音・音楽の中に「豊かさ」「楽しさ」を感じた時、人は「自分」に気づき、より良い呼吸で演奏をしようという意思が生まれます。そこに、人の発達の可能性が見えてくるのです。

4　良いリズムと良いテンポ

　音・音楽は、その体験の過程において、楽しさや驚きなどのたくさんの発見を、私たちに提供してくれます。音・音楽と言ってもさまざまな要素がありますが、その中でも、セラピーの効果に大きく貢献してくれるのは、良いリズムと良いテンポです。

　私たちは、日常生活での心身の動きや音楽行動などの中に、その人の心身のリズム・テンポを観察することができます（第1章2(2)参照）。ここで言う「良いリズム・良いテンポ」とは、人それぞれに固有のリズムやテンポに合ったもののことです。私たちは、自分に合ったリズムやテンポに出会った時に、心地よいと感じるのです。Co-Musictherapyでは、その人が心地よいと感じるリズムやテンポを見つけ、その「良いリズム・良いテンポ」が増えることがすなわち、心身リズム・テンポのヴァリエーションが増えることと捉え、そこに発達を見ていきます。良いリズム・テンポが増え、心地よいと感じることが増えてくることが発達なのです。

　自分自身の良いリズム・テンポを持っていることは、少ないエネルギーで多

くの効果を得ることにつながります。例えば、川の向こう岸に渡ることを考えてみます。自分のリズム・テンポが不明確な人は、「よいしょ」と跳んでいったん止まり、改めて「よいしょ」と跳ぼうとし、それから、それから……とつんのめりながら渡っていくことでしょう。一方で、自分のリズム・テンポをしっかりと持っている人は、ポンポーンポンポポポーンといった感じで、動きや呼吸の無駄がなく、向こう岸に渡って行けるでしょう。これが、少ないエネルギーで多くの効果を得るということなのです。

　人それぞれの心身のリズム・テンポは、すでに幼児期の行動の中にその原形を見ることができます。この時期に、その人が調子よく合わせられたり、楽しいと感じたりしたリズム・テンポが、その人本来のリズム・テンポであると言うことができるでしょう。その姿は、特に音楽の中で観察できる機会が多いので、この時期の音楽体験は、その後の心身リズム・テンポのヴァリエーション獲得に、大きく関係してくることになります。この時期に自分本来のリズムやテンポをしっかり体験しておくことが、自我の発達にも関係し、その後の心身リズム・テンポのヴァリエーションを確実に獲得していくことを可能にするのです。

　このリズムやテンポが非常に極端であったり、ヴァリエーションに欠けていたりすると、環境に柔軟に適応するのが難しく、生活しづらいことになるでしょう。人は、生活の中で状況に合わせて、心身のリズムやテンポを変化させられるように発達していっているからです。もし人が、ヴァリエーションを体験し獲得できる環境になかったり、心身になんらかの障害があると、発達が促されにくいということになります。私たちはこのような場合に、音や音楽を使って、直接に対象者に働きかけ、リズムやテンポのヴァリエーションの獲得を促すことができます。そしてその過程を、発達と結びつけていくのです。

　呼吸と密接につながっている音楽のリズム・テンポを体験することは、ふだんは意識しづらい自分の心身リズム・テンポに出会う体験となります。人それぞれが、異なったリズムとテンポを持っており、それがその人の個性となっているのです。自分の心身のリズム・テンポを知ること、感じることができる人は、他者のリズム・テンポを知ること、感じることができます。つまり、心身

リズム・テンポの確立と、そのヴァリエーションの獲得は、人との出会いの可能性を広げていくことになるのです。他者と共に生きていくために、心身リズム・テンポを柔軟にコントロールし、豊かなヴァリエーションを獲得する、その過程そのものが、人の一生を通じての発達となっていくと言えるでしょう。
　セラピーにおいては、対象者の心身のリズム・テンポは、常に意識されていなければなりません。導入の場面では、対象者のリズム・テンポと同質のリズム・テンポを用いればスムーズに導入できるでしょう。ヴァリエーション獲得を期待する過程では、音・音楽・楽器・動き、そして呼吸のリズム・テンポを操作することが必要になります。また、対象者自身が自分のリズム・テンポを意識するようになるまでのさまざまなアプローチ場面では、音や音楽の中に対象者のリズム・テンポを映し出すとともに、対象者とセラピストが「繋がる」きっかけを提供し、両者の発達の指針を示すものともなるのです。
　「のりがよい」という表現がありますが、この言葉を用いるならば、良いリズムと良いテンポで進んでいくセッションでは、対象者もセラピストも「のれて」いることでしょう。その「のり」がセラピーの大きな力となっていくのです。つまり、この「のり」を利用することで、ある課題をよりスムーズに達成することができるのです。言い換えれば、小さなエネルギーでも「のり」の力を利用することで、より大きな効果をもたらすことができるのです。

5　自己実現のための音楽

　音や音楽を使うことによって、自分を表現することや、さまざまな表現の可能性を発見することができます。ドラムをドンとたたくことだけでも、「自分」を表現することができるのです。ドラムをたたかない、または、たたくことのできない対象者にとっては、たたくまでの過程が自己実現への一歩となります。
　自己実現をするためには、当然のことながら、まず、「自分」が大切です。音は、「自分」を表現すること、そして「自分」を知ること、外界（環境・人・

物）とやりとりすることを、容易に可能にしてくれます。音楽はしばしば、曖昧で不明瞭な感情をも表すものです。私たちは、そのような音楽に出会った時に初めて、言い表せない感情の中にある「自分」に気づくことでしょう。

　人は、「自分」を知り肯定していく過程を、そしてその「自分」の想いや夢を実現していく過程を、音・音楽の中で体験することができます。このような音楽が、自己実現のための音楽と言えるでしょう。音・音楽の中で、人は、自分を表現し相手に伝え、その行為の結果を自分で再確認して成長していくことができます。またこの体験をきっかけとして、言語や動きなどの表現にも変化がもたらされることもあります。また、音・音楽の中で「自分」を確認したり表現したりする可能性を体験することで、日常生活に戻っていくエネルギーを得ることもできます。

　こうした出来事のすべての過程に、セラピストは深く関わってきます。「自分」一人ではなく、他者との関係の中でこそ、この自己実現は可能になるからです。その際、他者（セラピスト）は、音を合わせたりハーモニーで包んだりというふうに、音・音楽を使って介入していくこともあります。あるいは、対象者の「自分」を映し出す鏡となって、うなずいたり拍手したり、時には言葉で、「称賛」や「容認」を対象者に表現することで、対象者を支えることになります。

　Co-Musictherapy においては、能動的な行為として、音を出すことや音楽すること、音・音楽の中で動くこと、描くことも、自己実現につながる活動と捉えています。音・音楽に限られた活動ではなく、多領域の芸術につながってくるのです。人の一生を自己実現の積み重ねと見るならば、私たちは、常にその機会を提供していかなければなりません。私たちは、音・音楽の中でその機会を提供できる可能性を持っているのです。どんなに重度の障害のある子どもも、「自分」を確認すること、自分が「できる」と感じたり知ることによって、発達していくことができます。高齢者においては逆に、それまでできていたことが失われていくわけですが、多感覚に自分を感じることや、新しく「できる」という体験をすることによって、いま生きていることを実感し、次なる自己実現に向けて、生きるエネルギーを生み出していくことができます。

6　コミュニケーション

　人は、「オギャー」と声を発して生まれてきた時から「社会とつながる」存在であると言えるでしょう。「皆と共に生きていくぞ」と大きな声で訴えながら生まれてくるのかもしれません。母親のお腹から生まれてきた瞬間から、発達を続けていくすべての過程を通じて、人は人とつながって生きていく存在であるということを、私たちは確信しています。

　音は、発達のごく初期の段階から、人と人とのコミュニケーションに関わっています。胎児は母親の体内の音を聴き、そして外界の音も聴いています。母親から離れると、自分で選択して音を聴き、音を情報とするようになります。そして遊びとして、また何かを伝える信号として音を自分から発することを始めます。そこで、音を受けとり、その音を発した人に返すというやりとりが生まれ、コミュニケーションが成立していくのです。ここでは、音を信号として受けとる他者の存在が大切になってきます。音はさまざまな感覚（多感覚）を通じて何かを伝える信号となることができ、また多感覚に受けとることができるので、コミュニケーションを容易に可能にするのです。

　コミュニケーションに重度の障害のある人や、コミュニケーション手段をほとんど持ち得ないと思われる人とのやりとりを可能にするのは容易ではないでしょう。セラピストは、このような場合にこそ、音・音楽の多感覚性という特徴を有効に活用し、コミュニケーションの可能性を探ります。対象者が持つわずかなコミュニケーション方法を多感覚に探り、その対象者なりの方法をセラピストがまず受けとめるということが、対象者を社会へとつなげることとなり、その過程を通じて対象者のコミュニケーションを可能にしていくことができるのです。Co-Musictherapy においては、音がさまざまな遊びの中で効果的に姿

を見せてくるので、コミュニケーションがますます促されていくことになります。

7　動きと音・音楽

　音があるところに必ず動きがあります。偶然に発せられた音に伴って、誰も予期しないような動きが表れることもあります。子どもの遊びの世界では、子どもの心身の動きに伴って、必ず音が生まれます。楽器を演奏しようと意識的に動くこともあれば、無意識の動きで音が生まれることもあるでしょう。動きと音・音楽は切り離せない関係であり、動きを変化させることで音・音楽が変わり、音を変えようとすることで動きが変わります。音を集中して聴く場合にも、心身の動きはあり、呼吸が変化することにつながるでしょう。

　動かない人が、音を出そうと音を求めて動くことがあります。音の発見や音楽する喜びが、その原動力となるのです。もっと音を出そう、表現しようとする時には、より大きな心身の動きとより深い呼吸があります。音・音楽のこのような魅力は、やがて動きと呼吸の豊かなヴァリエーションを生み出していくのです。

8　言葉と音・音楽

　すでに、人の発達と音・音楽との関係（第 1 章 2（3）参照）で述べたように、音から音楽を認知する人の発達は、言葉に至る音声の発達と並行して観ることができます。

　呼吸に伴って出てくる心の音（溜息など）や、遊びの中で生まれる喜びや驚き（アッ！、エッ？）などが、心身リズムのヴァリエーションとつながって、

なんとなく抑揚のついたフレーズとなったり、何かの信号として音を出したり受け取ったりすることを繰り返しているうちに、コミュニケーションの方法の一つとして使われ始めます。

　音は、ノンバーバル・コミュニケーションの中で非常に大きな役を演じるようになります。音・音楽はこのコミュニケーションを瞬時のうちに可能にすることができるのです。音声を一緒に出すことや、お互いの信号として音声を出し合うことで、人は、言葉以前の音声で「繋がる」ことができているのです。

　感情の発達に伴って、音声はさらに豊かなノンバーバル・コミュニケーションを可能にしていきます。言葉を得たとしても、言葉では伝えることのできないような感情を伝える、人間にとっては生涯を通じて大切な音となります。このようなノンバーバル・コミュニケーションを土台として、人の心身リズムが一段とはっきりしてくる時期に、音も、はっきりと意識された明瞭な音として現れてくるのです。心身のリズムが呼吸のリズムとなって次第に言葉のリズムとなっていくとも言えます。

　物を落として「アーア」と顔を見合わせる場面などでは、音声に感情が加わり、呼吸のリズムが抑揚となり、言葉となっていきます。首を左右に振って拒否を表しながら出す音声が「イヤイヤ」という言葉となるように、感情や心身リズムに身振り手振りが加わって、新しい言葉が生まれることもあります。

　ドラムを打つ音には心身リズムが表れるものですが、それに並行して言葉のリズムを観察することもできます。つまり、♩♩♩ というリズムを持っている人は「バナナ」と明確に発音できる段階にあり、♩♩ というリズムがドラム打ちで観察されれば、「バーナ」と発音する段階だと言うことができるでしょう。特に、日本語の特徴である一拍一音は、ドラム打ちを言語の発達と結びつけて考えやすくします。ドラムの一打一打を意識することは、日本語の一音一音の意識や構音を明確に意識していくことになります。つまり、一つの発音や構音をより明確にしようとする意識を、音そのものや、音を出す行動が、促すことになるのです。

　ここに、心身リズムのヴァリエーションの発達を探ることができます。一音一音がやがてつながって、さまざまな単語やフレーズ、フレーズのつながった

文章へと、言葉の範囲を広げていくのです。ドラム打ちにおいて、一音一音を明確にすることや、リズムのヴァリエーションを増していくことが、すなわちさまざまなリズムを持つ言葉を明確に意識することを促進することになるのです。こうして、単純な音声は徐々に、音を信号とする遊びや、模倣の開始、認知概念の発達によって、コミュニケーションや思考に欠くことのできない言葉となっていくのです。

「自分の音が人に伝わった」という経験は、言葉も伝えることができるという気持ちの土台となり、その気持ちを実現する支えになります。例えば、思いきり大きな声が出したい時、大きな動きでシンバルを打ちながら大声を出してみます。シンバルの音のような広がりのある声が出ることでしょう。大きな声は大きな音を出す呼吸と同じです。シンバルという楽器の持つ呼吸がその表現を助けてくれるでしょう。

　音や音楽は、話をする人の気持ちをコントロールしたり、話題を提供することにもなります。部屋に何も音がなく、緊張を感じて相手と話しづらい場面でも、和やかな音楽が提供されれば、緊張もとけて、話すこともたくさん出てくるでしょう。海の音が聴こえれば、魚釣りの話題になるかもしれません。祭りの音楽が流れれば祭りの気分で話ができるかもしれません。

　心身のリズムやテンポは、言葉のリズムやテンポと密接につながっています。良い心身のリズムやテンポが保たれている時には、落ち着いて思うように言葉で表現できるでしょう。しかし、心身のリズム・テンポが乱れると、言葉のリズム、テンポも乱れてきます。極度に緊張した場面で言葉にならなかったり、

非常に疲れているために早口にとりとめもなく喋ったり、また、焦ったり、想いをたくさん持ちすぎて、吃ってしまうこともあるでしょう。

　音・音楽は、音で伝わる、音で伝えるという、言葉と共通の機能を持つことによって、表現の領域を共有しながら、言葉の発達に大きく関与し、人間のより高次のより豊かな表現を可能にしていくのです。歌はその一つの表現と言えるかもしれません。

9　認知の学習と音・音楽

　人は、先に述べたように「自分」に出会う過程を経て、外界の物や人と出会い、さまざまなことを学習していきます。音は、自分に出会う過程から外界と出会い学習していく過程すべてに関わっていると言えます。

　音は、人間が、ごく初期の段階に出会う外界と言えます。人は知覚の発達によってこの音に気づいていきます。物や人の動きに音がついているならば、気づきはもっと早く豊かになるでしょう。気づくことを繰り返し、やがてそれに意味があることを理解すると、楽しくなります。楽しいから繰り返し認知していき、もっと意味を深めようと学習していきます。音や音楽の世界は、気づきの楽しい繰り返しを提供し、豊かな音楽を可能とするための人の認知発達にまで関わってくるのです。

　認知するには、その手がかりがたくさん必要です。例えばバナナを認知していく過程には、バナナをめぐるたくさんの情報があるでしょう。なんとなく明るい黄色、匂い、皮を上から下に剥く動き、口の中の何とも言えない粘り気、甘い味、時々の渋みなどを感じる体験を重ねて、バナナをバナナと認知していくのです。

　何かを感じる体験に、音や音楽は大きな役割を果たします。大きな音が、何となく怖い感情を引き起こしたり、大きい物をイメージさせたりする体験が、「大きい」という概念の形成に至るように、音や音楽は、単純な知覚から認知

に至るまでの架け橋となるのです。認知は、音・音楽の中で、動きや感情と密接に関係し合える環境にあると言えるのです。

　ゲルトルート・オルフは、動きと感情と認知の関係を3つのパターンで**図1**（次頁）のように表わしました（G. Orff 1984：10）。

　①は、感情と認知は発達している場合です。感情と認知の発達が動きを可能にしているパターンです。

　②は、認知と動きの発達は促されているが、感情の発達がついてこない場合です。自閉症の障害のある人などはこれにあたります。認知と動きを受け入れようとせず、なかなか感情に行きつきません。

　③は、動きと感情は発達している場合です。知的な障害のある人にこのパターンが見られます。認知の発達に向かおうとしていますが、あるものを認知しようとする時に余分な動きや感情が多いために、効率よく認知へと向かえないのです。

　オルフ女史は、「大切なことは、これらがお互いに関係し合うように音を使ったアプローチをセラピーの中で行っていくことだ」と述べているのです。

　学習には、良い心身リズム・テンポが非常に役立ちます。すなわち、人それぞれの持っている心地よい心身リズム・テンポでアプローチすると、学習に向かいやすくなるということです。興味ある音で、その人の心身リズム・テンポをコントロールしたり、のせたりすることで、提示したい外界の物や人への気づきを促すことができ、曖昧な情報をそのリズム・テンポに合わせて理解しやすいように整理する状況を作ることができるのです。

　例えば、ボンゴの音に合わせて歩きます。

　　　　なぁにかな　　なぁにかな　　　　　はいどうぞ
　　　　どこかな　　　どこかな　　　　　　はいどうぞ

　身体の動きをコントロールできる時には、分散していた意識は身体に集中してくるでしょう。「なぁにかな、なぁにかな」と動いたあとに、何が出てくる

図1 動きと感情と認知の関係図

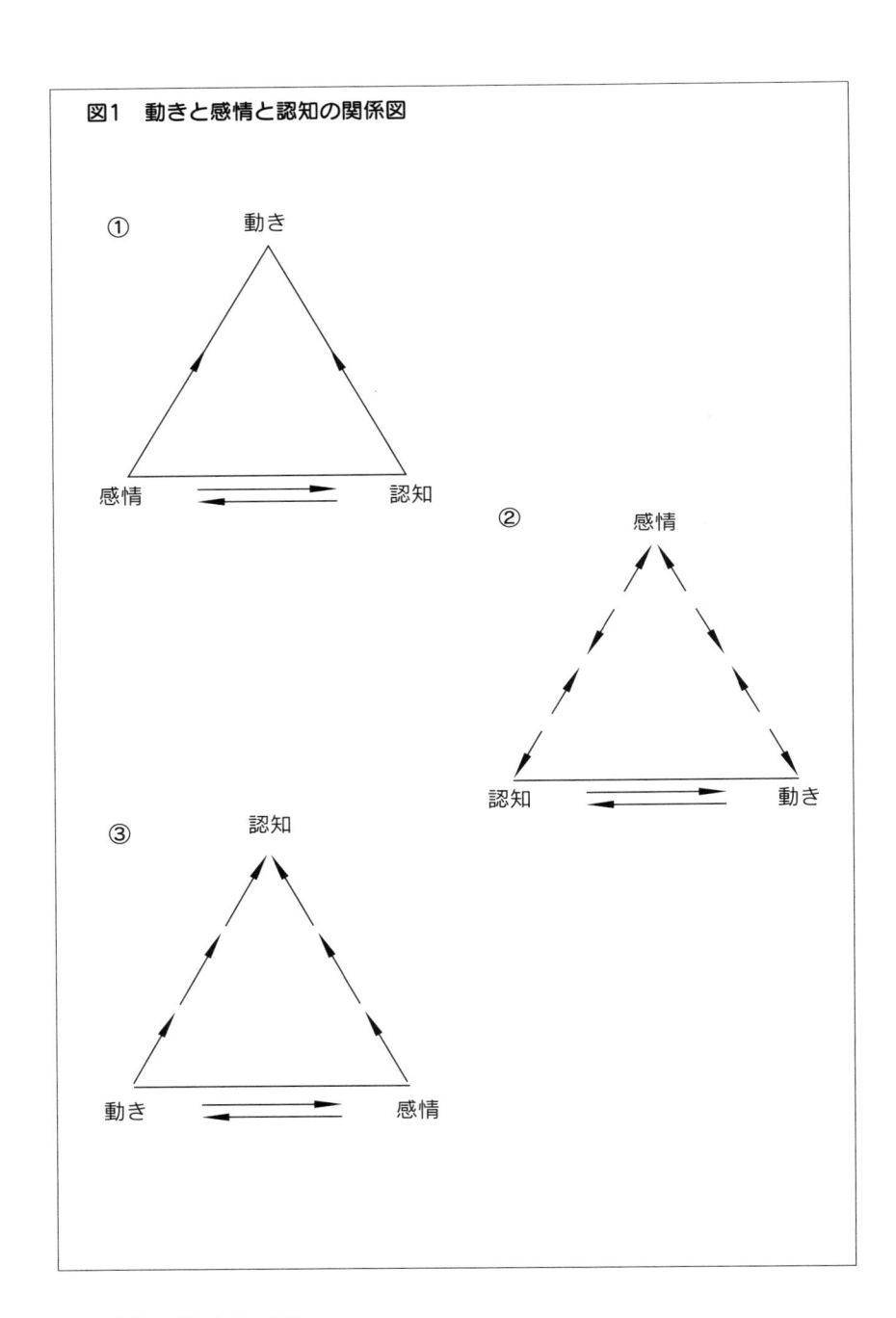

① 動き／感情／認知

② 感情／認知／動き

③ 認知／動き／感情

のか、待つかもしれません。「どこかな、どこかな」と動いたあとに、同じものをぴったり合わせる課題が出されるかもしれません。

音に心身リズム・テンポをのせて集中した意識で、動いた先に提示された課題を行えるよう促していくことができるのです。

　音や音楽は、より直接的に、さまざまな認知学習において、多感覚に利用することができます。大きい小さい、長い短い、高い低いなどの学習に、音の大小、長短、高低を直接利用できます。

　例えば、長い音で、長く息を出します。長い線を描きます。自分の身体で長く伸びるように動きます。

　また例えば、フワフワの布を両手で丸めて手の中に入れ込みます。そしてゆっくり両手を開いていくとその布が大きく広がっていきます。両手を丸める時にクチュクチュと音をつけながら動きを誘発します。広がる時にはメタルフォンの音などをだんだん大きく、低音を保ちながら高音を高くしていくと呼吸も次第に大きくなっていき、「だんだん」「大きく」という感覚を多感覚に体験・学習することができます。さらにそのイメージを、花や雲といった柔らかいイメージに広げることも可能です。

　また、一つ一つの数を数えて記憶することは、音の記憶と数を数えて記憶することとつながります。たくさんの音はたくさんあるという数の感覚につながります。その人の持つ心身リズム・テンポのパターンのヴァリエーションの広がりが、学習パターンの広がりにもつながってくるのです。

　このようにCo-Musictherapyでは、音・音楽を認知の学習において多感覚に使うことができます。音・音楽によって、学習をより楽しく、より「遊び」に近い「のり」のよいものとして、対象者のさまざまな感覚へアプローチしていくことができるのです。そのためには、セラピスト自身が、認知というものの中に、音・音楽の多感覚性につながるものがいかにたくさんあるかを理解していなければなりません。

Co-Musictherapyで使われる素材の例

玉、こま、木の素材
いろいろ

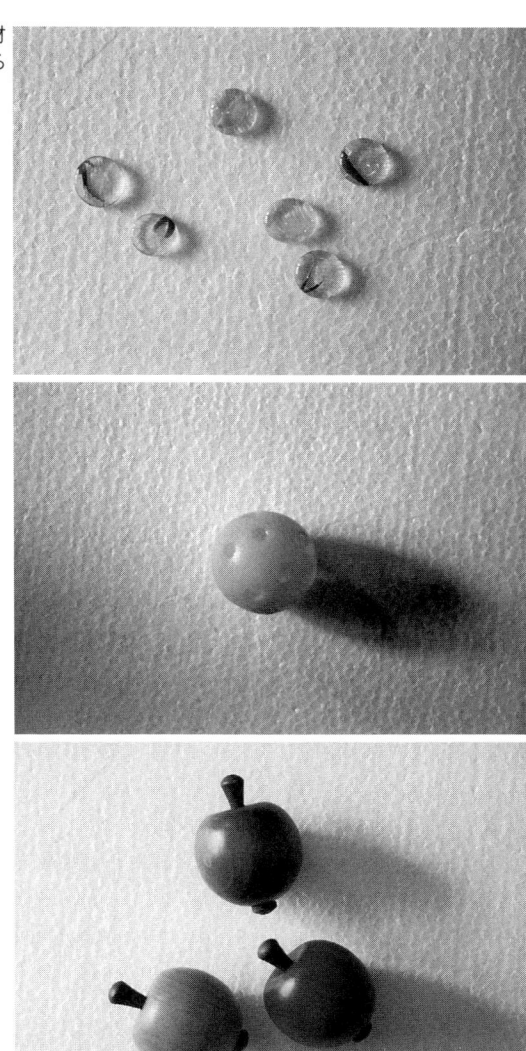

92

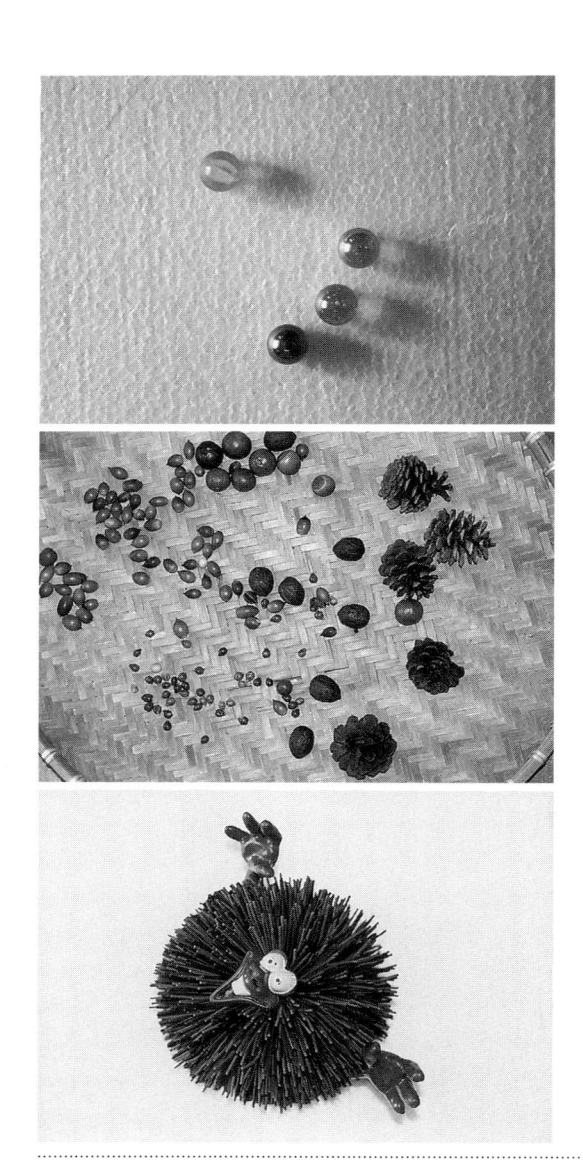

第 4 章　Co-Musictherapy の具体的方法と展開

自分が感じた音・音楽を
自分が創っていくように
人に出会う方法も
自分で創っていくのです。

さあ始めてみましょう。

第4章　Co-Musictherapyの具体的方法と展開

　音や音楽を利用して自分でセラピーの方法を生み出し、展開していくことが究極の目標とは言いながらも、実際には、何もないところから生み出すことは難しいものです。

　この章では、その拠り所となるCo-Musictherapyの中心的な活動を紹介しましょう。これらの活動は、セッションの中で、繰り返し行うことができます。対象者の姿を素早く深く映し出し、その時々の発達に合わせて、巧みに姿を変えてさまざまな対象者の状況を観察し、発達・変化を促す過程を見ていくことのできる活動だからです。

　しかし、こうした活動が、真に対象者の発達や状態の変化を促すためには、セラピストの多感覚な感性を必要とします。活動が作用を及ぼすのは、そこに何かが生まれて来なければならないからです。実際のセッションで、対象者と向き合い、新しい何かを生み出すためには、これらの活動のヴァリエーションがセッションのさなかに次々と生まれ、発展していくことが必要なのです。セラピストの出会う対象者は、常に変化し続けています。それに呼応して、セラピストも、活動のヴァリエーションを常に生み出そうとする姿勢を持つことが大切になるのです。

1　ドラム同質奏法

　〈ドラム同質奏法〉とは、ドラムで同じ質の音を作ろうとする遊びから出発し

た活動です。同質の音とは、対象者から出されるドラムの音に対して、同じ高さ、同じ強さ、同じリズムとテンポ、そして、音を出す時の動きやそこから感じられる呼吸までも、同じ質を持つ音のことを言います。

　ここで重要なのは、音の「質」を同じにするという点です。この「質」は、呼吸から生まれてくるものです。音を出す時、演奏する時の人の呼吸が、音の質となり、その呼吸をより自然に音として表現するために、動きが生まれてきます。つまり、大きい音を出そうとすると大きな動きになり、細かく刻まれた音を出そうとすると、狭められた呼吸で細かな動きになるということです。動きを同じにしようとすれば、その演奏者の呼吸に近づくことができます。そして呼吸に近づけば、その人の生きかたにも近づくことができると考えるのです。〈ドラム同質奏法〉は、対象者とセラピストがドラム音の振動を共振できるところに、その基本があります。振動という原初の感覚で「共に揺れる」ことは、共感につながります。向かい合った二人がぴったりの同じ音を出した時、音は共鳴し、お互いに気持ちよく、嬉しいと感じます。そこに共感が生まれます。共感は他者意識につながり、それまでの不明瞭な自己意識が明確になっていくと共に、意識の範囲が、自分への意識から、他者であるセラピストへの意識へと広がっていきます。言い換えると、この活動は、ドラムという楽器を通して、人のコミュニケーションの発達を瞬時に観察でき、操作できる活動であるとも言えます。

　この〈ドラム同質奏法〉の具体的なプロセスは、図1のようなものです。

　　図1のaでは、Aが勝手にドラムをたたき、Bが相手に合わせて打っている。Bが、相手の音や動きや呼吸を意識し合わせようとしているうちに、bの部分で〈同質〉の持続が生じる。〈同質〉で一体となった後は、cのように、一方が意図的に他方を同質のまま変化させていくことができる。

　このように〈同質〉において、「一緒である」「同じである」という共鳴・共感を体験した結果、Aは、自分のドラム音のみを意識するのではなく、Bのドラム音をも意識しながら、かつ、自分のドラム音と一体化させながら打ち続けていくようになる。cでは、〈同質〉が生じたbで一体感

図1 〈ドラム同質奏法〉における同質のプロセス

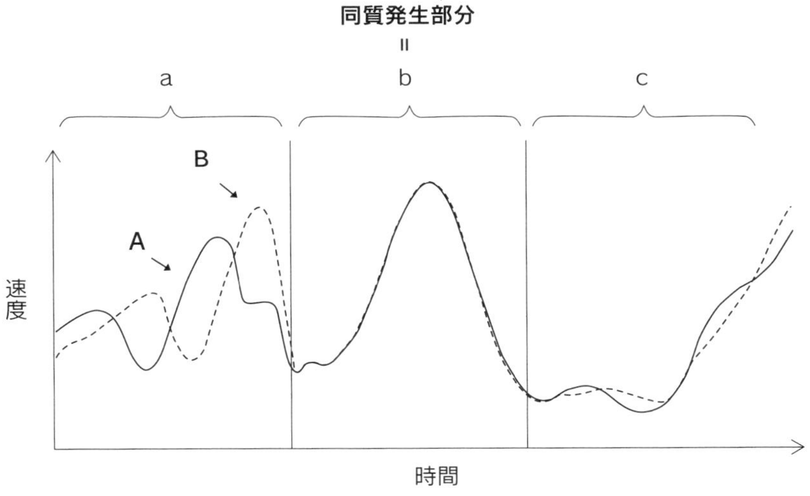

同質発生部分
=
a　　　b　　　c

速度

時間

A ——— 無意識にドラムを打ち始める
B ------- Aのドラム音に合わせようとする意識で打ち始める

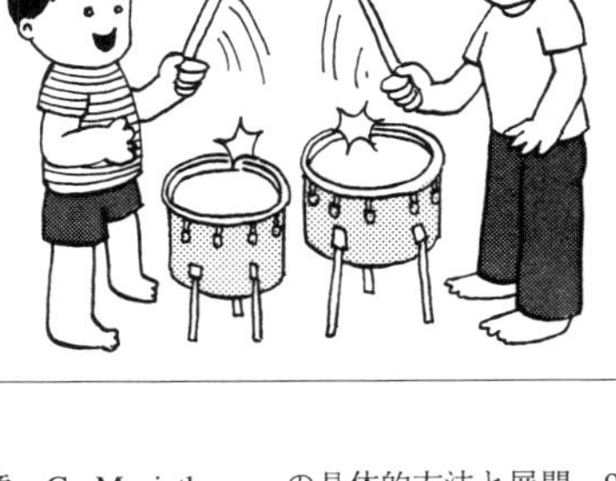

が成立したことにより、ドラム音ではぴったり合わなくても、Aは意識してBのドラム音を追いかけようとする現象が生まれる。従ってcでは、一体感が成立し、相互に共有できる枠組み＝「場」が存在することで、Aの持つ心身リズム・テンポに、Bの関与が意味あるものとして伝わる。さらに他者認知が進んだり、ノンバーバル・レベルでの治療的関係の基盤ができるために、Bによって操作されることや、その関係で次の発達に向かうことが容易になっていく（中島 1999：139）。

　図のa部分では、二人が勝手にたたいているように見えながら、セラピスト（B）は、ドラムで向かい合っている対象者（A）の呼吸を感じながら合わせていきます。対象者は、自分で出すドラムの音や振動を感じながら、同時に、前に立つセラピストが、自分と同じような動きを持ち、同じ〈質〉の音や振動を発していることに気づき始めます。セラピストが、自分の音や動きを鏡のように映していることを感じとり、音の背後にいるセラピストの存在を認知していくのです（私たちはこれを、対象者とセラピストとの〈出会い〉と呼んでいます）。セラピストは、対象者と〈出会う〉瞬間を作るために、ドラムをたたくだけではなく、ドラムを触ったり、言葉かけなども行って、多感覚にアプローチをします。そういったアプローチを通して、対象者が何を感じることができるのかを、観察していくのです。

　bの部分では、セラピストと同質の音を共有することが、対象者にとって「心地よい」「嬉しい」という快の感情を呼び起こし、他者認知ができるようになります。鏡（セラピスト）の存在に気づき、模倣されることに気づくと、やがて〈試し〉の段階に入ります。今度は、対象者が自発的に操作をし始めるのです。この段階で、対象者は、他者とのコミュニケーションの楽しさを感じ始め、さらに、より深いコミュニケーションの形を探り出します。突然乱暴に打ってみたり、だんだん速くしてみたり、わざとセラピストが音をはずすように打つ真似をしてみたりするでしょう。ここではお互いの関係は、一つの同じ質の音の段階から、それぞれ異なる音が一つの同じ〈場〉で出会いコミュニケーションを楽しむ段階へと変化していきます。〈ドラム同質〉という活動が、さまざ

まなコミュニケーションを行う〈場〉として意味を持ち始めます。

　以上のような一連のプロセスにおいては、次のような観点から、認知レベルや行動レベル、コミュニケーション・レベルの発達の様相を観察することができます。

　　・ドラムを意識しているか。
　　・ドラムを触るのか、たたくことができるのか。
　　・ドラムを手でたたくのか、マレットでたたくのか。
　　・ドラムをたたき始めることができるか。
　　・ドラムをたたき終えることができるか。
　　・向かい合っているセラピストをどのように感じて意識しているか。
　　・ドラム音で相手を操作しようとしているか。

　このように、〈ドラム同質奏法〉は、他者や物を意識し操作するに至るプロセスでもあり、ドラムを打ち始めること（開始音）への自己決定や、逆に、いつ打ち終わるか（終わり）を決めるための、まとまりとしての行為の認識を促す活動としても利用できます。さらに、高齢者や重度の心身障害児・者の現場では、ドラムの持っている跳ね返す力を利用してのリズム打ちともなり、ドラムの音質が持つ躍動感が鼓動に伝わって、呼吸やまばたきなどの変化を促す契機にもなり、あるいは、二つのドラムが、音で「繋がる」コミュニケーションの媒介物としても機能します。

〈ドラム同質奏法〉では、対象者がみずから打つ行為や、打った結果、跳ね返ってくるドラム音によって、「自分」を感じ、「自分」と出会うのです。また、自分を映すセラピストの存在によって、受け入れられる感覚――「このままの自分でいいのだ」という体験を得ることもできます。ドラムという、人の呼吸を音に表わしやすい原始的楽器を通して、他者を感じ出会っていく過程を体験することが、〈ドラム同質奏法〉の主要な目的なのです。

　この活動を、動きから促していこうとする〈楽器一列マッチング〉、さらに進んで〈ドラム＋シンバルの即興演奏〉（本章6「即興」を参照）へと、対象者

の発達やその時々の状況によって、セッションは展開していきます。

2 リズム・ムーブメント

　Co-Musictherapyでは、心と身体を一元と捉え、心の動きと身体の動きは常に関係し合っていると考えます（第3章7「動きと音・音楽」参照）。リズム・ムーブメントという言葉は、リズムとムーブメントを一体化させた言葉で、さまざまなリズムやテンポを、身体を動かしながら体験していく活動であり、1991年に筆者（中島）が作った造語です。
　この活動の目的は、音や音楽を使って、心身リズム・テンポ（心や身体の動きのリズム・テンポ）のヴァリエーションを豊かにしていくことです。ヴァリエーションが豊かになると、環境への適応力が増し、感性がより豊かになると考えられます。
　自分にとって心地よいと感じるリズム・テンポは、心身のリズム・テンポと

リズム・ムーブメントの活動の中で、
磁石の動きをイメージして表現する子どもたち

（実物の磁石）

合ったもので、そういうリズム・テンポを持った音や音楽に合わせて動くことは、容易で、かつ楽しいものです。まず音を認知し、自分が心地よいと感じる音と、身体の動きとの関係を、意識化していきます。そこでは、自分と外界とのやりとり、つまり、自分から外の世界の音を意識し、その音を出す人を意識していくコミュニケーションが成立します。

　さて、音と動きの関係を成立させたうえで、心身リズム・テンポのさまざまなヴァリエーションを求める段階へと移行します。その段階では、ピアノや他の楽器やCDから流れる音楽に合わせて動く活動も取り入れていきます。音量のある鍵盤楽器は、このリズム・ムーブメントを行う空間を作るのには相応しい楽器です。特にピアノは、打楽器として用いれば、直接的に呼吸を伝えることもできますし、リズムやテンポ、ハーモニー、メロディーを持つ音楽から、ただの「音」に至るまで、自由に操作できる楽器です。目的や対象者によっては、打楽器のみを使用することもありますし、鍵盤楽器と打楽器を併用することもあります。

　幼児・児童期のアプローチとしては、音と動きの〈同質〉、つまり、子どもの動きに同質の音づけを行います。音の有無、速さなど、動きと同質の音をつけることにより、子どもは自分の動きと音との関係に気づき、理解を深めることが可能になります。

　幼児・児童の場合のスタンダードな動きとしては、歩く・止まる・走る・バック・スキップ・ギャロップ・回転・歩幅を広げる足あげ歩行・笛による合図での椅子上がりなどがあります。リズムという聴覚刺激に対して、どの程度身体のコントロールが可能なのか、聴きながら・見ながら・動きながら・考えながら・感じながらという活動の中で、どの程度これらの感覚の統合ができているのか、心身のヴァリエーションを、発達という観点から観ていきます。

成人や高齢者の場合、日常生活の中では、動きも、心に対する刺激も限られているために、心身のリズム・テンポは単調になりやすいと思われます。そこで、成人・高齢者を対象とする時には、音や音楽の構成要素を操作して、身体を動かしたいという気持ちにさせたり、動く機会を提供したりします。言語による指示だけでは出てこなかった動きが、イメージを喚起する音によって可能になります。またこの活動は、感覚運動機能の回復や、動きを伴う表現の回復を目的として行うこともできます。

　リズム・ムーブメントの活動では、まず、対象者自身の持っている心身リズム・テンポの変化を観察することに始まります。そして、心身リズム・テンポのヴァリエーションが豊かになることを発達として捉え、それに向けた変化を期待していくことになります。

　この活動では、音や音楽を、聴覚や視覚、触覚、呼吸など多感覚に経験できる場として機能させるために、さまざまな素材を利用します（91・92頁参照）。例えば、風船、ゴム、磁石といった素材が用いられます。素材自身の持つリズム・テンポの特徴を利用し、音や動きのイメージを誘発したり、遊びの素材として利用し、活動を展開していくことができるのです。

3　リラクセーション

　Co-Musictherapy における〈リラクセーション〉は、特に、深く、弛緩した呼吸を求めて行う活動と言えます。この活動は、たいていの場合、弛緩の呼吸がより意識しやすいように、動きを伴った活動の後に行われます。動きの活動によって、呼吸自体を意識しやすい状態に持っていき、呼吸をしている身体の状態を動きとして捉えて、その動きを変化させていくことで、身体と同時に心のリラクセーションを体験できるよう促すのです。活動内容は、能動的な活動と受動的活動を併せもちます。

　緊張と弛緩を自分でコントロールできる対象者の場合は、床の上に横たわっ

た時、自然に身体の力を抜くことができます。仰向けになっても「怖い」という気持ちを感じることなく、重力に対しても抵抗しようとしないでしょう。目も、自然に閉じることができます。この時に、セラピストがその対象者の手や足の一部を動かしても、されるがままの緩やかな動きが観察できるはずです。しかし、このようなリラクセーションの状態を自分では作ることのできない対象者もいます。その時々の心身の状態や場面によっては、長時間リラックスできないこともあるでしょう。そのような対象者にリラクセーションの状態を体験させるために、音や音楽を利用していくのです。

　セッションにおいてリラクセーションを行う場合、まず、音・音楽で心身の弛緩を引き起こしやすい空間を作ります。対象者の年齢・心身の状態・人数・場所の広さ・その日の天気によって、使用する音・音楽は異なります。フルートや管楽器の音は、直接に人の息を感じやすいため、呼吸のコントロールもしやすいでしょう。また、ハープやギターの音楽は、優しいハーモニーで空間を包んでくれます。心地よいテンポで室内楽の音楽が流れてきたり、シンセサイザーの宇宙空間をイメージした音なども、リラクセーションの状態に向かいやすくするでしょう。

　より効果的に心身のリラクセーションに向かうために、対象者の状態や活動の目的によって、活動の方法を決定していきます。通常、リラクセーションというと、動きを止めることを考えるものです。しかし、実際のところ、動かない状態で弛緩するというのは、かなり高度なレベルで心身のコントロールを行うことのできる対象者でなければ難しいのです。そのために、動きを止めるに至るまでに、さまざまな形で、リラクセーションの活動を行う必要があるのです。

　子どもが対象の場合、母親に抱かれたり、布に包み込まれるようにして、ゆっくりとした音や音楽に合わせて揺さぶられることにより、この活動に導入しやすくなります。

　また、誰か他の人を相手にして、背中や手のひらを合わせ、相手の身体の動きや呼吸、体温を感じることは、それ自体でリラクセーションの効果が感じられるものです。その際、相手から力をかけられていることを感じ、自分から力

をかけ返したり、同じ音の空間の中で二人でゆっくりした動きを創り出すことも有効です。相手がいることで、自分自身の緊張や弛緩の状態が意識しやすくなるのです。緊張している心身は、感じることを妨げます。相手を徐々に深く感じることができてくると、それと並行して、自分の心身の緊張が解けていくのです。最初はこのように二人で組になって行う場合でも、緊張が解けていくに従って、少しずつ触れ合う部分を減らしていきます。そして最後には、直接触れ合っていなくても、自分で相手を感じ、共に弛緩の状態で出会うことができるようになり、自分一人でリラクセーションの状態を体験できるようになります。

　成人や高齢者の場合、音・音楽にまつわるそれまでの体験が、非常に有効に活用できます。風の音や波の音、映画のシーンと共に想起される音楽、日本庭園を見ながら聴いた尺八の音楽など、それまでに体験したことのある心身のリラクセーションの状態を思い出し、そこにまつわる音・音楽を使って、全体の空間の雰囲気を作ります。

　グループの場合、直接にリラクセーションを感じられない対象者も出てくるでしょうが、その集団の空間全体の呼吸は感じることができます。先にも述べたように、他者を感じるということからも、このアプローチを進めることはできるのです。音・音楽の空間の中で、仲間がゆっくり動いたり、ゆっくりした呼吸にのせて声を出し合ったりすることに気づいていくことが、リラクセーションへと向かわせるのです。

　日常のあまり変化のない生活の中で、一見すると常にリラックスしていると思われる対象者は多いかもしれませんが、むしろ、豊かな日常生活を送るために、緊張の動きに向かわせる質を持ったリラクセーションを求めていくことも大切でしょう。

　リラクセーションへのアプローチも、さまざまな素材を伴って多感覚に行うことができます。人と人を「繋ぐ」ために、ボールやゴムといった素材を利用したり、シャボン玉やオーガンジーなど、弛緩に向かいやすいリズム・テンポを持った素材をうまくその空間の中に取り入れていくことが、この活動の効果を上げることになります。素材を利用したリラクセーション・ダンスや音声ア

リラクセーション

床上に横になるほかにもいろいろな活動があるでしょう。

向かいあって

背中を合わせて

素材を使って

他者の重さや温かさを感じて
揺れながら

ンサンブルといった、動くことや音声を活動に取り入れていく場合も多くあります。

4　音絵

〈音絵〉とは、音や音楽を聴いて、描く活動です。
　音がどのように聴こえるのかは、人それぞれでしょう。音によって見えるものがあるかもしれません。音楽によって浮かぶ風景があるかもしれません。音にも色があるでしょう。それらを音や音楽を聴きながら描いていく活動です。「描く」行為に関わる人間の発達を、この活動で追っていくことができます。心の動きを身体の動きとし、身体全体の動きを筆を持つ手の動きとしていく過程を、音や音楽で見ていくことができるのです。
　子どものこの活動を見てみましょう。ウッドブロックをたたけば、クレパスを持った手は、紙をたたくように調子よく点を描いていきます。スライドホイッスルを鳴らせば、筆を持った手をゆっくり音に合わせて伸ばし、ホイッスルの一部を引く動きと同じような線を気持ちよく描くでしょう。ギロを鳴らせば、もしかすると口もとをしっかり閉めて、ギザギザの山型の絵を楽しそうに描くかもしれません。
　音を出す動きが、描く心身を誘発します。音を出す時と同じ心身のリズム・テンポが描かれていくのです。調子のよい音は、調子よい身体リズムを誘発して、描くことへ興味を持たせます。音・音楽をまず体で感じ、それが身体全体の動きとなり腕の動きとなります。そしてクレパスや筆を持つ手先の動きとなって描く行為が行われるのです。
　描くことはまた、表現の可能性を増すことにもなります。音・音楽を描くということは、何にもこだわらず無心に描くことに始まり、動きからの点や線のみでなく、そこから浮かぶさまざまなイメージを描くことも可能にします。描くことで、音や音楽を再認知することにもなるでしょう。音や音楽を変化させ

〈音絵〉の活動風景

ることで、描かれる絵も変化してきます。激しい線や面がぶつかり合う絵を期待するには、音も激しく、もしかしたらいろいろな音がぶつかり合う現代曲などが適しているかもしれません。淡い色の広がる絵を期待するには、印象派の作曲家の小品がそのイメージをもたらすかもしれません。このように、音や音楽を操作することによって描きかたの変化をもたらし、作品としてできあがるものを変化させることができるのです。音や音楽に誘発された心身の動きを、描くという表現の中に見ることができるのです。セラピーの場面では、一人で描いたりグループで描いたり、描く素材を選んだりして、描きかたや作品の変化を期待して音や音楽を操作していき、人の心身をコントロールしていくことになります。

　音絵①は、楽器の音（ハンドドラム、ウッドブロック、ギロ、スライドホイッスル、ツリーチャイム、ヴィブラスラップ、コンガ、ボックスシロフォン、ピアノなど）を聴いて、音からイメージされる絵を描いたものです。その楽器の持っている音色の特性を利用し、描きやすい楽器を使用します。

　音絵②は、セラピストの発する音声（この場合は「ふぉーん・もももも・ききゅーん・てっぽんてっぽんてっぽんぽぽ……」などなど）を聴いて、音からイメージされる音を描いたものです。音声の持つニュアンスを十分に含めながら発音するようにします。

　音絵③は、CD で楽曲を聴きながら描いたものです（ホルスト作曲『惑星』）。CD などを利用する場合、選曲は、なるべくリズムのはっきりしているものや身体の動きが誘発されやすいものを選び、徐々にイメージする力を要する曲へと進んでいったり、リズム感のある曲とおぼろげなニュアンスのある曲を交互に入れてみたり、その間にメロディーラインのしっかりしている曲を入れてみたりと、目的によって、さまざまな選曲が可能です。

　紙は、なるべく自由に描けるように、大きさや色などの素材に配慮する必要があります。「動き」が誘発されて、そのまま「描く」こととして表現されるので、その表現を保障するための配慮が重要になるのです。例えば、バッハの『無伴奏チェロ組曲第 1 番』から「プレリュード」を使う時には、柔らかい波状の線が描かれることが多いので、その場合の紙は、横に長いものが良いでし

〈音絵〉の例

①楽器の音

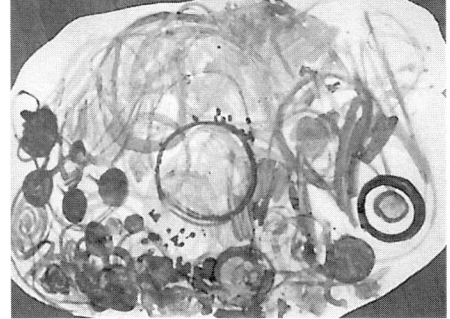

②音声

③CDの音楽

ょう。モーツァルトの変奏曲『ああお母さん、あなたに申します（きらきら星変奏曲）』（KV265）のオルゴールによる演奏では、点描きが多く見られ、変奏されていく曲の変化に伴って、色や点の密集の度合いが変化していきます。オルゴールの音を表すのにはやはり筆よりも硬いクレパスのほうが描きやすく、紙も少し色のついているものが良いかもしれません。こうした配慮は、音を視覚として捉えやすくしたり、描きやすくしたりするためのものです。そのために、その音・音楽がどのような素材や場面の設定にすれば描きやすくなるのか、音・音楽を多感覚に感じる感性がセラピストに要求されるのです。

　「描く」活動は、絵筆やクレパスを使用して描くという形から離れた活動とも結びつけて行うこともできます。描いた絵を見ながら自由に踊ったり、ある時は、両手で空に描くように踊り、その動きのまま手のひらで紙の上の絵の具を伸ばしながら表現することもできます。いろいろな素材で作った判や筆やスポンジなどを使用しても楽しい活動になります。いろいろな動きが誘発されるでしょう。

　このように、〈音絵〉の活動は、音と絵とを、音を出す人と描く人の双方の動きに表れる呼吸で結びつける活動となり、幅広く総合的な芸術の領域へとつながっていくのです。

5　楽器演奏

　セラピーにおける演奏活動は、対象者の発達の状態を知り、演奏する中で生まれる表現力やコミュニケーション力の向上を目指すという目的があります。対象者自身にとっては、人の前で表現したことが受け入れられ、聴衆との一体感を味わい、自信や満足感を体験する活動となるでしょう。

　演奏に使う曲は、まず、対象者の持つ心身のリズム・テンポに近いものを選びます。初期の段階では、対象者がふだんから親しんでいる童謡や、アニメで使われている曲、その時に流行している曲が多いでしょう。セラピスト（ある

いは対象者自身）が作曲して、対象者の興味を引く歌詞やメロディー、リズムを取り入れたオリジナルの曲が使われることもあるでしょう。このような曲を演奏することは、音楽に合っているという心地よい感覚や、音楽をしている満足感が得やすく、すでに知っている曲であるために、身体で曲を感じやすく、音で表現することが容易になります。

演奏活動の場面では、セラピストは対象者の現在の状態を観察します。楽器で音を出すことができるか、複数の楽器を使うことができるのか、曲のリズムやテンポに合わせて演奏しているか、楽器を使い分けているか、曲のイメージを音に結びつけて演奏しているのかといった観点から観察します。セラピストが対象者の前で演奏を促す場合は、セラピストを意識しながら演奏しているのか、聴衆を意識しながら演奏を楽しむことができるのか、より豊かな表現を求めて工夫して演奏できているのかなど、さまざまな発達レベルを観察していきます。

使用する楽器は、音楽を身体で表現することの延長線上に演奏することがあると考えると、まず、パーカッション楽器が使用しやすいでしょう。いろいろな動きを伴うパーカッション楽器を使いながら、ドラム類の打楽器を中心に構成していきます。これは、打楽器がテンポやリズムを明確に表現しやすいからです。そして、場合によっては、鍵盤楽器を打楽器としても使用しながら、次第に、メロディーやハーモニーを得ていくこともあるでしょう。歌うことが、直接に息を必要とする管楽器の演奏に発展していくこともあります。

図2として、楽器演奏の実際のプログラムの例を挙げてみます。

心地よい演奏を求めることは、自分の心地よい呼吸を再認識することになり、自分の呼吸で表現したものが受け入れられていく経験は、自分が社会とつながっているという自信をもたらすことになります。これが、より豊かな創造を目指すモチベーションとなるのです。演奏の方法や技術の追求が、人の成長・発達へとつながるのです。

図2　『南の島のハメハメハ大王』

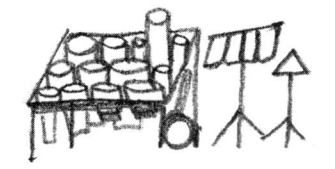

（自由に）

南の島の大王は
その名も偉大なハメハメハ
ロマンチックな王様で
風のすべてが彼の歌
星のすべてが彼の夢

♩ ♩ ♩ 𝄽

ハメハメハ
ハメハメハ

♬♬ ♩ 𝄽

ハメハメハメハメハ

　前半は自由にいろいろな音を出します。
　後半 ♩ ♩ ♩ 𝄽 のパターンでたたき、最後はたくさん連打したあとに、シンバルで決めます。「ハメハメハ」の部分はパターン化できるでしょう。さらに、風（ウインドチャイムなど）、星（トライアングルなど）の部分を一定の音にしても楽しいでしょう。

6　即興

〈即興〉は、セラピーの全体を通して姿を見せる重要な要素です。ここでは、その中でも、〈即興演奏〉として行うものを挙げてみましょう。

ひと口に即興演奏と言っても、さまざまな形態があります。対象者が一人で行う即興演奏、セラピスト一人の即興演奏、対象者とセラピスト二人の即興演奏、対象者同士が少人数で行う即興演奏、それにセラピストが加わっての即興演奏、そして参加者全員の即興演奏があります。

対象者が一人で行う即興演奏

対象者一人の即興演奏の場合には、その人の思いがそのまま音になって表れてきます。

実際には、まず、いろいろな楽器で力一杯音を出すという場面が多いでしょう。そういう時の対象者の表情は、嬉しそうに、はしゃいだ様子を見せ、特に打楽器類を多く使用した場合は、対象者の退行した状態をしばしば観察することになります。

一方で、何をしても自由ということで、かえって演奏することを躊躇したり、過度に緊張したりする対象者もいます。その場合、まず、自分の思いをそのまま音で表現することを経験し、その音を通して自分の思いを再認識したり、表現できることで感じる心理的な満足感や安心感・達成感を得ることが大切な目的となります。

即興演奏においては、その場にその演奏を受け入れてくれる他者が存在すると、対象者はより確かに「自分」への認識を新たにすることになります。セラピストの介入としては、その演奏を、その場面の目的に応じて、称賛したり、評価したり、驚いたり、ありのまま受け入れたりすることが必要です。

ドラム＋シンバルの即興演奏

　セラピストは、対象者の発達に応じて即興の形が変化してくることを踏まえ、観察しながら、音楽の構成化を促していきます。そのために、使用する楽器の種類や配置を注意深く変化させていく必要があります。例えば、〈ドラム＋シンバルの即興演奏〉の場合を見てみましょう。ドラムを自由にたたくと同時にシンバルも使い分けて即興の演奏をする活動です。

　ドラムは、人の心身の状態を直接に、かつ容易に音にできる楽器として、そしてシンバルは、思い切りたたくその音で、終わりを示す楽器として用意されます。思いきりシンバルをたたく時、人は、息を深く吸い、そして息を吐ききります。息を出す時に音を出す動きが伴い、その動きは演奏の終わりを示す動きとなります。思いを直接かつ容易に音で表現し、終わりの音に向けて音楽を構成していくことができるように、ドラム＋シンバルの活動は行われます。対象者に応じて、活動を展開していく段階はいくつかに分けられます。

　①音を出す段階……目の前の楽器をどれでもよいのでたたく。あるいは、スタンドドラムのみをたたく。シンバルのみをたたく。
　②楽器を使い分ける段階……ドラムは思うようにたたき、次にシンバルに移動して思うようにたたく。
　③楽器を使い分け、即興で音を構成していく段階……ドラムの音を使い分けたり、楽器によってリズムやテンポの変化をつけていき、演奏を終わることができる。演奏の終わりはシンバルを使うことで容易になることに気づくかもしれない。
　④即興で音楽を作っていく段階……ドラムとシンバルの限られた楽器の中で、音のダイナミクスやリズムの変化、ドラムやシンバルの音の高低までも考慮された自由な即興演奏が構成できる。

　①の段階にある対象者の場合、たくさんの楽器を対象者の前に置くことは、かえって混乱を引き起こすことになるでしょう。ドラムの種類は、対象者に合

わせて考慮する必要があります。ある程度深い音まで出る楽器をそろえると対応しやすいでしょう。

②の段階で、もしうまくいかないようであれば、ドラムとシンバルの位置を離してみると、2つの楽器の使い分けに気づきやすくなります。

③では、ドラムの種類を増やすことになります。ボンゴ、コンガ、ウッドブロックなどを加えることで、音の構成を幅広く行うことができます。

④の段階では、もしかしたらシンバルの種類も増やすことができるかもしれません。最後に「終わり」を示す音としてのみ使用するのではなく、ドラム音との即興にシンバルが使いこなせるようなたたきかたができてくるからです。

このように、〈ドラム＋シンバルの即興演奏〉では、楽器の種類や置く位置などを常に考慮しながらアプローチすることが必要です。

対象者とセラピストの即興演奏

対象者とセラピストの即興演奏は、対象者の音を音楽として構成するためのものであったり、即興演奏を展開していくための介入であったりします。また、対象者の興味を引くために、音や歌の歌詞などの素材を選んで演奏する場合も多いでしょう。

セラピストと対象者が共に行う即興演奏は、楽器を向かい合うように配置したり、楽器を円形に配置して自由な距離が取れるような形態で行います。音で会話をするように進んでいくのです。即興演奏に展開していく初期の段階では、目の前の演奏者と同じような音や動きで合わせようとする演奏になったり、セラピストが対象者の演奏の中に介入して関係を作ろうとする姿が多く見られます。そして、音を通した駆け引きの過程で、お互いの音を意識しながら、次第

にそのやりとりが音楽となって自然に構成されていき、即興演奏が成立していくのです。

対象者同士のグループ即興演奏

　コミュニケーション活動を目的としたグループでは、対象者同士の即興演奏を取り入れることができます。小人数で行う場合には、使用する楽器を対象者を主体にして選んでもらうこともできます。対象者がどのような楽器を選ぶかによって、その人のコミュニケーション意欲やその方法を観察することもできます。誰がはじめに音を出すのか、主導的な演奏をするのは誰なのか、どの楽器なのか、流れを変えるきっかけをつくるのは誰なのか、そして、どのようにグループ全体の音楽が終わっていくのかなど、一人一人の表現やコミュニケーション方法を観察し、かつ促しながら、グループとしての成長を期待していくことができます。

　グループが大きくなると、ある程度、楽器の種類をあらかじめ選択して、音楽の方向性や構成を想定しやすくしておく必要があります。セラピストがその演奏に加わる場合には、即興で一人一人の音をつないだり、対象者の演奏する音やリズム、テンポ、何となく感じられるメロディーなどを取り上げて、それに合う歌や曲（**譜例1**）を即興でつけたりして、一つの演奏に形作っていきます。音を通して自分を表現しながらも、演奏によってグループが一つになる可能性を、対象者全員が感じることになります。そして、演奏が深まっていくにつれて、視線を合わせたり、動きでやりとりする機会を増やし、相手の気持ちを知ろうという、対象者同士の関係の深まりにもつながっていきます。セラピストは、演奏に関係していくことで、その出会いかたに影響を与えていくことができるのです。

譜例1　セラピストと対象者のグループ即興演奏の例

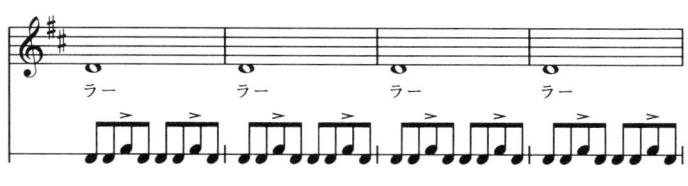

以下、即興で自由に

　ベースが一つのコードでできているために、どこからでも加わることができ、自然に即興演奏へと展開していける。
　メロディーは歌で、伴奏にボンゴやコンガを使うと楽しい。

7　音語り・音づけ絵本

〈音語り〉〈音づけ絵本〉とは、音や音楽の経験を、語りや絵本を通して行う活動です。語りや絵本の内容にあった音や音楽をつけることで、興味を持ちやすくしたり、内容をわかりやすくできます。

対象者が子どもの場合は、絵本を利用できます。さまざまな絵本の世界に効果的に音・音楽を組み入れることで、それまで絵本を見ることのできなかった子どもが絵本に興味を持ったり、ある特定の音によって絵本に近づいて来たりする姿がしばしば観察されます。

音を効果的に使うことで、描かれているものの意味を子どもに理解させることができます。絵本を注視できない子どもの場合、例えば、「キリンの首はこんなに長かった」という文章に添えて、キリンの首の絵が描かれていても、キリンという動物や、長いという概念を理解することはできません。こういう場合に、スライドホイッスルでピューーーという音を出し、同時に、「長ーい」という言葉をつけるならば、子どもは、漠然とながらも、息の長さくらいに長いのだということを、音と語りと絵を同時に体験することによって、感じていくのです。

セラピーの中に、絵本の空間を作ることで、さまざまな音・音楽の経験の場を提供することができます。対象者に応じて、たくさんある中から絵本を選びます。絵本の世界にも、子どもの発達に応じたリズム・テンポがあるからです。音を通して絵本の世界に触れることは、発達に応じたリズム・テンポをより効果的に体験することになります。自分の状態に応じたリズム・テンポは心地よさを感じさせ、その心地よい状態の中で絵本を体験することは、より深い理解につながることでしょう。

絵の色や線が表す微妙な感覚は、言葉よりも、音・音楽で表わしやすいとも言えます。絵と音楽は非常に近い関係なのです。ただし、どのような絵本にも

音・音楽がつくことが効果的とは限りません。絵本を利用する目的によって、絵本の絵によって、内容によって、語り手のリズム・テンポ、絵本の内容のパターン化の有無などによって、この活動に利用できる絵本かどうかを、セラピストが多感覚な感性を生かして選んでいくことが必要です。

　成人や高齢者が対象の場合は、絵本は利用しづらいかもしれません。しかし、民話や昔話などは、効果的に利用できます。対象者のこれまでの音楽体験などを考慮してテーマ曲を作り、一つの舞台を作ります。基本的には受動的な活動となりますが、音や音楽を伴った語りを対象者がどの程度感じ、理解できるのかを観察しながら、場面によっては実際に演じたりすることもあります。具体的な現実の場面を想定したイメージ作りや、逆に非現実的な世界で話を展開していくこともあります。対象者にとってはこれも多感覚な体験となって、思わず積極的な言葉が出てきたりする場合もあるでしょう。

〈音絵〉を描いて、貼り合わせる

音楽の中で描く

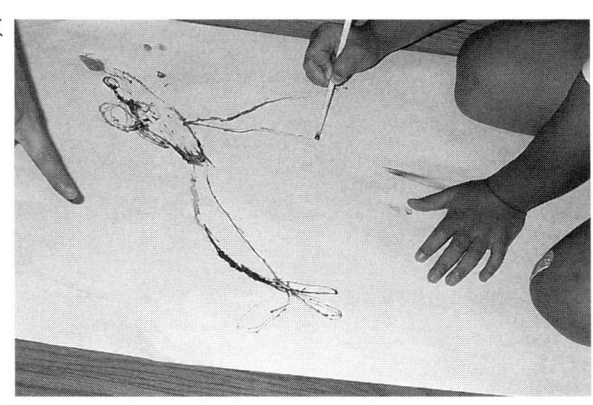

音を聴いて音楽聴いて
描いてちぎって貼って

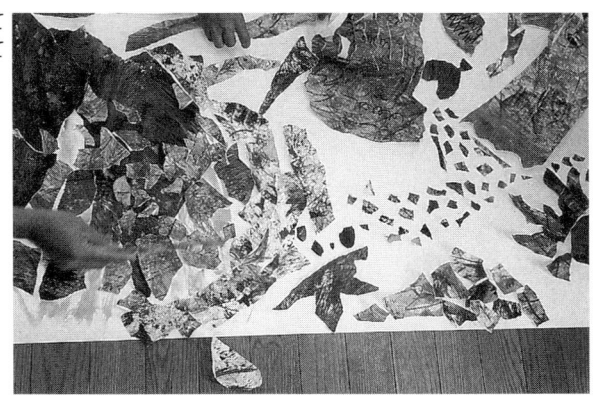

主題が何度も繰り返される音楽を聴いて……

こんな作品ができた

第 5 章　Co-Musictherapy の構造

「個」に始まり
グループで他者と繋がり
一歩ずつ踏み出していくのです。

第 5 章　Co-Musictherapy の構造

　対象者にはそれぞれ、一人一人の意思があり表現があり、発達があり自己実現のしかたがあるでしょう。その対象者に出会い、「個」を保障しながら発達を促し、状態の変化に導いていき、個別に対象者の姿を見ていくことが Co-Musictherapy の基本となります。人は、しっかりとした「個」の姿を持ってこそ、人と出会い、人と共に歩み始めることができるのです。

　その姿はグループのセラピーの構造の中でも、しっかりと映し出されてくるでしょう。個別とグループのセラピーはお互いに補い合います。「個」が捉えられていないと、グループの中でのその対象者の観察は難しく、逆に、グループの中での対象者の自己実現の力を見ることで、個別のセラピーの意味を問うことができるからです。

1　個別 Co-Musictherapy

（1）個別 Co-Musictherapy の目指すもの

　Co-Musictherapy においては、その人が自由に表現し、遊べる姿・楽しめる姿を願います。「生」を願う姿を見ます。
　表現するためには感じることのできる心身が必要であり、自由には枠が必要であり、楽しさを感じるにはそれに応じた発達が必要です。人が表現するには、

表現するものを感じていなければなりません。表現と言う時、私たちはつい、表現する方法にとらわれがちですが、まず大切なのは、表現したいと感じる心身です。

　重度の障害のある対象者の表現を期待するセラピーは、その人のどこにどのようなものを提供すれば、思わず表現できるほどに心身が何かを感じる体験ができるのかを探ることから始まるのです。そして、ある特定の人、つまり対象者のことをよく理解できる人だけに伝わる表現から、誰にでも理解できる表現へと発展していくところに発達を見ていきます。

　こうした「表現」を自由に行うには枠が必要です。障害の有無にかかわらず、人は、自由に行動し表現したいと願います。枠はルールとも言えるでしょう。例えば、ある人が服を着ることを拒否するとします。それは、いろいろな理由から服を着ないほうが本人にとって自由と感じるからかもしれません。しかし私たちの文化の中では、服を着ないことは、その人の生活の範囲を極端に狭めてしまいます。限られた人にしか出会えないことになってしまうでしょう。遊びの中でこの枠は、気づきを増し、知覚を構成化していくことにつながり、理解を深めていくことになるでしょう。

　「楽しさ」は、人の発達と同時に変化し、深まっていくことはすでに述べました。このような「楽しさ」を目的に、対象者の個の姿を探っていくのが、個別のセラピーなのです。

　個別セラピーは、基本的には、セラピストの呼吸で自由に活動を展開していくべきでしょう。セラピーは常に即興と言えます。即興の空間でこそ、対象者の創造力や発達しようとする力が形となって表れる可能性が高いからです。Co-Musictherapy における即興の活動は、非常に短時間のうちに、対象者の状態の変化が観察でき、また、繰り返し何度も訓練として行う方法よりも短距離でセラピーの目的に到達することができると言えるでしょう。

　新しいものを生み出すことを主眼としたこのセラピーの即興性は、まず、対象者の中にある可能性を発見するところから始まり、そこを中心として、心身を使った遊びの中で発達を促していきます。特に個別のセラピーにおいては、一瞬一瞬のタイミングや出会いや駆け引きで、セラピーの効果が決まってきま

す。それだけにセラピストは、対象者と向かい合うことや、共感すること、観察することが素早くできなければなりませんし、音や音楽の即興性を自由に使いこなし、目的に向かって遊びを展開できる力が備わっていなくてはなりません。セラピーのさまざまな目的を遊びの即興の中で有効に作用させていくことができると、対象者は、繰り返すことの楽しさや発達していくことの喜びを獲得していくことになるのです。

（2）個別 Co-Musictherapy の実際

まずはじめに、対象者を心身の動きにより次の2つのタイプに分けて考えてみましょう。

　　①心身の動きの多い対象者……気持ちも身体もよく動かす、または、気持ちか身体のどちらかがよく動いている対象者。
　　②心身の動きの少ない対象者……心も身体も動きの少ない対象者。

　①の対象者の場合は、まず、その動きの意味を観察します。〈リズム・ムーブメント〉活動を導入し、音の意味に対象者が気づくことができるのか、動くことでどのような表現が可能か、自分の動きが音や目的などでコントロールできているのか、といった観点で、対象者の動きを観察します。そして、ここに現れる対象者の姿と、認知、学習理解、言葉などとの関係を捉えながら、セラピーの目的を導き出します。
　②の対象者の場合、対象者のどの感覚にアプローチの可能性があるのかを観察します。ほとんど反応が出ない場合の多くは、まず触覚から入ることができます。触覚を通して、音の意識（聴覚）や、視覚に対する刺激を取り入れていくことができます。この場合、特にメタル楽器やドラム類の楽器が、その振動によって有効に使用でき、注意深く対象者の反応を引き出していける楽器と言えます。動きが比較的多い場合には、動ける音の空間で対象者の姿を観察し、動きの少ない対象者に対しては、どの感覚に心身の動きの可能性があるのかを、

観察します。

　さて、個別 Co-Musictherapy の初期のアプローチの段階では、リズム・ムーブメント、ドラム同質奏法、その他の楽器での同質奏法、音と動きの活動、会話、道具・教具を使った遊びの場面を導入して、対象者の現在の発達の状態を把握していきます。

① 感覚（どの感覚で反応しているのか。触覚、口唇感覚、感覚防衛など）
② 聴覚（音をどのように聴いているのか。聴こえ、音の意識、音の意味、聴覚と身体のコントロールなど）
③ 同質（同質をどのように意識できるのか。音、動き、表情、呼吸、コミュニケーション、模倣力など）
④ 感覚の統合性（聴覚と視覚の優位性、どの感覚を統合して使用しているのかなど）
⑤ 認知発達（イメージ、象徴遊び、表現、言語など）

事例1……知的障害で多動傾向のあるS君（10歳）

　S君は、セラピールームに入ってきて動き続けています。ドラムのほうへ向かって、手のひらをドラム上に置いて左右に返すようにしながら音を出したかと思うと、また歩き出し、気まぐれにツリーチャイムに触ったり走り出したりする子どもです。何かさせようとしても、介助はとても嫌がり泣くことも多く、じっと向かい合って遊んだりはできません。

　まずS君の歩行のテンポで〈リズム・ムーブメント〉のアプローチを試みてみます。歩いている間は調子いいのですが、止まることができません。そこで、セラピールームの中のあちこちに、S君にとって触覚の刺激となるであろうドラムやシンバル、コンガなどを置いてみました。S君がこれらの楽器に向かって歩き、目的のものの前で止まる行動に音づけをします。そして、S君の止まった先にある楽器を使って、一定の曲を一緒に演奏す

ると、S君は手のひらを広げてしばらくの間その振動をじっと楽しんでいます。楽器から楽器へ移動する時は、S君の動きのテンポに合わせて音をつけ、止まった楽器のところでその楽器で表現しやすいと思われる曲をつけていくのです。

　しばらくこれを繰り返すと、S君はある決まった曲になると、手のひらを動かしながらも、じーっとその楽器の前で曲の最後まで聴くようになりました。曲の終わりのタイミングを待つかのようにまた動き出します。セラピストにもこのタイミングはわかりやすいため、S君と音楽は合いやすくなります。次第にS君はセラピストを意識し始め、動く時の音を意識するようになりました。動く時の音が鳴り始めると、曲の途中でも動くようになっていったのです。音を聴いて移動をするようになり、ピアノを弾くセラピストの顔を見るようにもなりました。

　バスドラムでの『ぞうさん』に始まった曲のレパートリーも増えていきました。コンガで『げんこつやまのたぬきさん』、ツリーチャイムで『キラキラ星』、メタルフォンで『きりんさん』など……。曲を聴く時のS君はニコニコ顔です。それぞれの楽器の前にいるセラピストと出会います。この曲を利用して調子よく積み木を箱の中に入れることができるようになりました。積み木を入れると曲が再び始まり、セラピストと音楽と一緒に学習が進んでいくことになります。

　楽器が、感覚レベルで遊ぶ対象者の遊びになり得たこと、その遊びを利用して目的的な動きやその動きに同質の音をつけることでS君が音に気づくことができるようになったこと、楽器を利用することで、感覚レベルの遊びにとどまらず積極的な操作や曲の構成理解を促すことができたこと……。S君の例は、セッションの初期に、対象者との関係を作ること（出会えたこと）や発達課題に向かう心身の土台を作ることができた例と言えるでしょう。

事例2……重度の重複障害のあるY君（4歳）

　Y君は、重度の重複障害があり、手足を自分の思い通りに動かすことがほとんどできません。表情もほとんどなく笑うこともありません。「Y君」と呼びかけながら、横になっているY君にいろいろな楽器でアプローチを始めます。音で反応するのか、触覚で反応するのか、呼びかけと一緒に、ある時は歌と一緒に音を出してみます。音のみではほとんど反応がありません。

　あるとき、緊張で握りしめたY君の手のひらを開くようにしてみると、ちょうどクラベスの一本を握らせることができました。そこで、もう一本のクラベスで「Y君、Y君」と〈♩　♩　♩　♪　　♩　♫　♩　♪〉のリズムを打ち続けてみました。クラベスの振動で手のひら全体が動きます。ハンドドラム、シンバルでも同様に声かけをしながら触覚アプローチを重ねました。部分的なアプローチと同時に、身体全体のアプローチも行います。大きな揺れや小さな揺れ、立て揺れや横揺れなどです。テンポやリズムを音楽と共に変化させながら、Y君の反応を観察します。

　2ヵ月ほど経った頃、わずかにツリーチャイムのバーにあたった指先が動きました。セラピストが大きくツリーチャイムの音を出し音をつなげます。「鳴ったねえ」とY君に大げさに声かけをします。これを繰り返すうち、自分の動きに応じて相手が動くことを感じるようになってきました。Y君はセラピストの「いち、にいの、さん」という声かけの呼吸を感じるようになり、セラピストが呼吸を溜めれば、Y君も息を溜めて力を入れるようになりました。そして手を動かすようになったのです。

　指先から、次に手のひらを動かすようになり、腕全体を大きく動かし始め、やがて『一本橋こちょこちょ』や『トントンアンパンマン』（ひげじいさんの替え歌）の手遊び歌を楽しむことへとつながっていきました。

　重度の重複障害のある子どもに対して、触覚を利用したアプローチを行った例です。それぞれの楽器が持つ固有の振動は、さまざまな音を伴うさまざまな

種類の振動として対象者に提供できます。音・音楽を使用することで、どのリズム・テンポのどのような感覚刺激が受け入れられやすいのかという観察が可能となり、より効果的に刺激を与えることができるのです。同時に、楽器を前にして、自分の思いを動きとして表現することは、知覚に訴えやすい楽器の操作を促し、それは音で表現することを可能にしています。セラピストはその音をその場で対象者と共に体験することができます。重度の障害のある人がどのようにしたら外界と「繋がる」ことができるか、どのような「遊び」が可能かを追求していく手がかりを得ることができるのです。

事例3……知的障害のあるTちゃん（6歳）

　知的障害のある6歳のTちゃんは、少し警戒する様子でセラピールームに入ってきました。ピアノの音がすると、ニコニコして、少し促されて動き出しましたが、音に合わせて歩くことはありません。音を止めると転ぶように笑いながら床にうつぶせます。「ようい、どん」のかけ声と同時にピアノの音が響き始めると、Tちゃんは起き上がって嬉しそうに走り続け、音がなくなると同じように床にうつぶせます。何度か繰り返した後、うつぶせにならず立ったままの状態で静止ができた瞬間に、セラピストが「止まれたねえ」と言うと、とても嬉しそうに笑いました。その後、止まった時には〝できた〟ということを知らせるかのように必ずセラピストのほうを向き、「止まれたねえ」の言葉を待っているのでした。

　走って止まることを繰り返し、しかし歩くことはできなかったTちゃんは、セラピストのほうを向いて止まることができるようになると、今度は少しずつ、ゆっくりとした歩行ができるようになりました。

　〈ドラム同質奏法〉では、マレットを持って細かな連打を繰り返し、ニコニコとしてドラムを離れていきます。数回繰り返すうち、セラピストの「せーの」という声と動きに合わせてマレットが高く上がり、〈♩〉で終わることができるようになりました。その後は、ドラムの前でたたく時間が増え、何度も繰り返し続けてドラムを打つことができるようになってきま

> した。しかし、細かな連打は変化していきません。
>   そこで、絵カード（85頁のイラストを参照）を使ってドラムを打つことにしました。「バナナ」「カエル」の絵カードを見ながら、ドラムを打ちます。「バナナ」の「バ」で細かく連打したあと「ナ」のタイミングで止めることができました。「カエル」の「カ」で始め「ル」で終わることもできました。その後、ドラム同質で見られた細かな連打は、少しずつその速度がゆっくりになるヴァリエーションを持ち始めるようになり、やがて、絵カードで「バ」「ナ」「ナ」と一打ずつしっかりと打つことができるようになりました。曖昧な発音がはっきりしてきたのもこの頃です。

「止まれたねえ」と声をかけた時が、Tちゃんとセラピストとの出会いの時でした。この時にコミュニケーションの可能性を感じ、まずはノンバーバル（非言語）の音を使ってコミュニケーションのありかたを観察していきました。

　このような場合、対象者がどの程度まで場面を理解してコミュニケーションを図ろうとしているのかを、音や音楽を使って、〈リズム・ムーブメント〉を中心に観察していきます。曖昧なコミュニケーションのとりかたや、笑うなどの限られた方法だけですべてのコミュニケーションを行っていると、真の意味の理解やコミュニケーション力の発達を促せないことになってしまうケースが多くあります。音や音楽のある場面では、緊張を解いたコミュニケーションを体験する中で、こうした観察が可能となります。また、動くことや、楽器の操作状態から、対象者の心身リズム・テンポのヴァリエーションを促すためのアプローチの可能性を探ります。

　Tさんの場合、絵カードなど視覚への刺激を使ったことは、音を明確に意識することになり、発音や言葉の発達につながっていった例と言えます。

　まず、対象者のどこにアプローチの可能性があるのか、どのような発達を期待していくのか、どのような変化を望むのかを、音に映して観察したあとは、人の発達に添って、個別にアプローチをしていくことが大切です。こうした個別のセラピーによって外界とつながる力が発達し、グループ・セラピーとの連携を検討するケースも多いのです（もちろん、個別のセラピーのみで実社会で適

応していくことが可能な場合もあります）。

　個別セラピーの次の段階として、グループ・セラピーに進み、実社会では経験できない自分の姿を発見したり、実社会に出ていくための社会性を確認する体験を行う場合もあるでしょう。また、個別セラピーとグループ・セラピーを同時に行ったり、それぞれを何度か繰り返すこともあるでしょう。

　しかし、どのような場合でも、まず、「個」を見つめることが基本です。良いグループ・セラピーを行うためには、個人の状態がしっかり把握されている必要があり、良い個人セラピーを行うためには、グループの中の対象者の姿を知っている必要があります。「個」を見つめることを基盤にした上で、その両者が連鎖して発達を促していくことが理想と言えます。

（3）個別 Co-Musictherapy の場の設定

対象者
　さまざまな年齢、さまざまな障害のある人を対象にすることが可能です。

セラピスト
　基本的には、セラピストは1名で行います。目的や状況によっては副セラピストが入ることもあります。

介助者
　障害のある乳幼児の場合は、保護者と共にセラピーを実施します。保護者がセラピーの場にいることで、子どもの反応を観察したり、子どもに対するセラピストの関わりかたを参考にしたり、新たな遊びを発見したりすることが可能となります。対象者が施設入所者の場合には、担当指導員に入ってもらうこともあります。それは、セラピーを終えた対象者が、日常生活に戻っていくことを考えると、日常生活場面で直接に関わる人が、対象者の新たな姿を発見したり、対象者との関係を深めることを、セラピーの中で促すことができ、その結果、対象者の日常生活に変化を及ぼすことができるからです。そのようなこと

もセラピーの効果と言えます。

場所

セラピーを行う場所は、なによりも対象者にとって心身を動かしやすい〈場〉であることが大切でしょう。個別セラピーでも、動きの多い対象者の場合は、走りまわることのできる広さが必要です。まだ幼く、寝たきりの状態の対象者にとっては、広すぎる部屋はかえって音やセラピストの呼吸が拡散するために好ましくありません。セラピーの目的や対象者の状態に応じて、広さなどを考慮していくことが大切です。

時間および回数

1セッションは50分～60分で行います。その後10分程度、保護者などへのフィードバックやカウンセリングを行います。回数は月に1回～4回実施します。曜日や時間帯などは、対象者の発達や年齢、交通手段などを考慮して決めますが、ある程度、定例化することは必要でしょう。

2　グループでの Co-Musictherapy（G. Co-MT）

セラピーにおけるさまざまな活動は、対象者が社会の中でより豊かに生きていけるようにすることが目的です。そう考えると、グループでの活動は、大変重要な意味を持つようになります。セッション中に見られる対象者の変化・改善・回復が、日常の生活や社会の中で、実際の行動として般化できなければならないからです。人とどのように関わるのか、人に「出会う」ことができるのか、人と共に何かをするとはどういうことかを、グループでのセッションで体験することを目的にして、グループ・セッション（Group Co-Musictherapy。以下、G. Co-MT と略）の構造を作っていきます。

（1）グループでの Co-Musictherapy の場の設定

対象者

　さまざまな年齢、さまざま障害のある人を対象とすることが可能です。対象者の状態やセラピーの目的によって人数は変化しますが、セラピストが対象者一人一人を把握できる人数には限界があります。対象者一人一人が、そのグループをどのように構成していくのかを観察することが必要だからです。乳幼児の場合は5〜6組から12〜13組の親子、成人、高齢者の場合は、7〜8名から12〜15名程度の人数で行うことが多いようです。

セラピスト

　セッションは2名〜3名のセラピストで行います。主セラピストは主にセッションを進め、副セラピストは、主セラピストが対象者と共に動くのか、あるいは、楽器を手に対象者の前に立つのかによって、役割が決まってきます。副セラピストは、音楽の演奏のみを担当することもあれば、主セラピストと共に活動の提示をしたり、対象者の側で声を出したりと、状況に応じて役割を変化させ、主セラピストの作るセッションの流れがよりスムーズになるよう補助します。従って、主セラピストと副セラピストの両者がセラピーを作り出すということを常に意識しなければなりません。言い換えれば、セッション全体が両者による即興と言えるかもしれません。場合によっては、対象者の介護者、看護師、医師、作業療法士、カウンセラーなどのスタッフと共にセッションが行われることもあります。

場所

　対象者が、心と身体を動かそうという気持ちになる〈場〉が望ましいでしょう。さまざまな感覚を問う Co-Musictherapy では、広さはもちろんのこと、壁の色や天井の高さ、窓の大きさ、光の状態などの条件をも配慮することで、より大きな効果を生み出すことができるでしょう。

時間および回数

1セッションは75分〜90分で行います。乳幼児の場合は、最後の10分程度は保護者へのフィードバックとカウンセリングを行う場合もあります。回数は、月に1〜4回実施する場合が多く、曜日と時間帯を定例化して設定します。

集団の種類

目的によってどのような種類の集団にするかを決めます。対象者の心身の発達がほぼ同じ状態である等質集団であったり、同年齢の集団、あるいは敢えて年齢の異なる異質集団にすることもあります。コミュニケーションの発達レベルを合わせて対象者をまとめる場合もあります。どのような集団にするかを決定することで、活動の目的がより明確になります。逆に、目的が明確になれば、集団の状態や種類も決まってくるとも言えます。

(2) グループでのCo-Musictherapyのプログラム

G. Co-MTのプログラムは、これまでも繰り返し述べたように、音や音楽を利用して、対象者の姿を多感覚に、さまざまな角度から映し出そうとします。一定のプログラムの流れの中で、どれだけ多くの感覚を刺激することができるか、そして、心身リズム・テンポのヴァリエーションを目的に合わせて獲得することができるかが、セラピストには要求されます。一つの行動を繰り返し重ねることで効果を期待していくプログラムもあれば、さまざまな近隣の感覚や運動の発達領域を刺激しながら効果を期待していく活動もあります。

プログラムの開始と終了の際には、ある決まった形を繰り返すことで、「始まり」と「終わり」の意味をはっきりさせることができます。また、プログラムの中で、必ず動く、あるいは必ず座って静かにするといった場面を決めて、それを対象者が比較的早期に意識できるようにします。そのためには、その場面では必ず決まった位置に対象者がいる、といった決まりを設けて、それを繰り返し積み重ねていくとよいでしょう。そうすると、その後のヴァリエーション・アプローチの段階に、より早く移行することができます。

しかし、G. Co-MT の開始から一貫して常に行われるのは、対象者の自由な感覚表現や自己実現につながる行動を促すような、発達や状況の改善を促すプログラムです。つまり、G. Co-MT においては、決められた時間と空間の中で、対象者がいかに自由であることができるか、ということが重要な観点なのです。そのために、構造化されたグループの「枠」や「ルール」が必要となり、その中で、対象者のさまざまな発達や状況に応じて、音や音楽を多感覚に使ったアプローチを、遊びの形を通して行っていくのです。

　G. Co-MT のプログラムでは、音楽以外の芸術領域とも統合されることも多く、音や音楽が幅広く使われることになります。そのために、ますますセラピーの意味は広がり、かつ深まっていきます。セラピストの限りなく豊かな感性が要求され、そこにこのセラピーの難しさがあるとも言えます。

　ここで、スタンダードな G. Co-MT の流れを見てみましょう。

---

① 始まりの歌・ドラムあいさつ
② 手遊び・歌遊び
③ 小プレイ
④ リズム・ムーブメント
⑤ リラクセーション
⑥ 音づけ絵本・音語り
⑦ 大プレイ
⑧ 楽器演奏
⑨ 終わりの歌・ドラムあいさつ

　全体の時間とダイナミクスの変化の例を表してみると、次頁の**図1**のようになります。

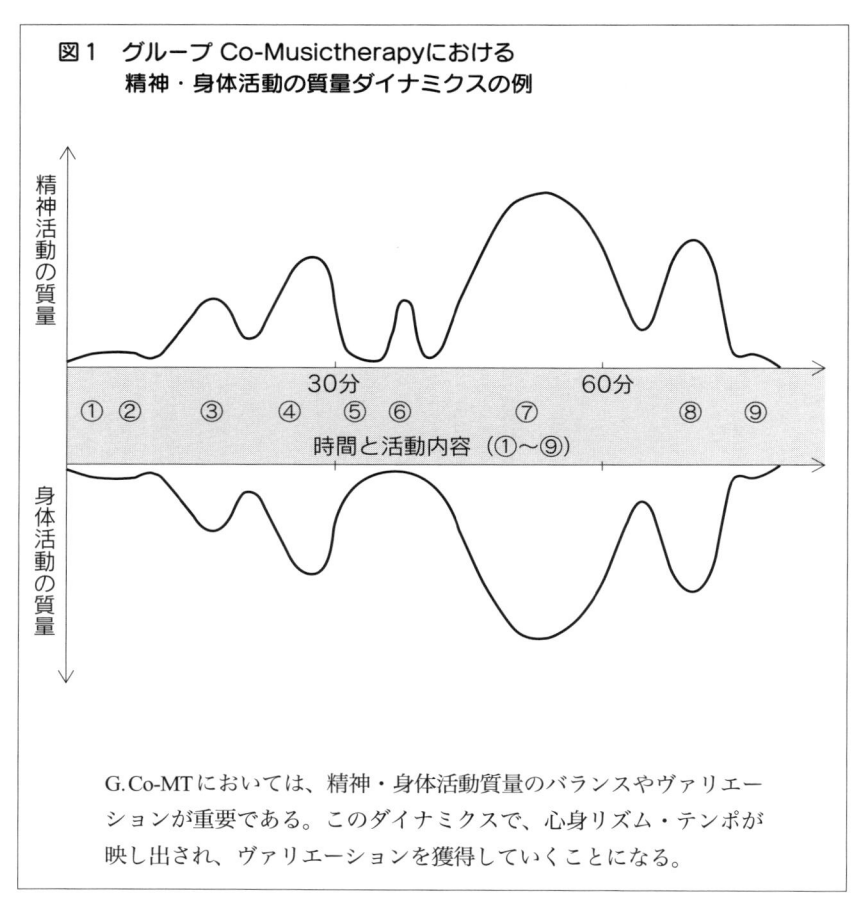

**図1 グループ Co-Musictherapyにおける
精神・身体活動の質量ダイナミクスの例**

↑
精神活動の質量

30分　　　60分
① ②　③　④ ⑤ ⑥　　⑦　　　⑧　⑨
時間と活動内容（①〜⑨）

身体活動の質量
↓

　G.Co-MTにおいては、精神・身体活動質量のバランスやヴァリエーションが重要である。このダイナミクスで、心身リズム・テンポが映し出され、ヴァリエーションを獲得していくことになる。

　1セッションは75分から90分ですから、この間、対象者の集中力を持続させるためには、プログラム全体の強弱のリズムが非常に重要になってきます。動きの強弱は、直接に、呼吸の強弱につながります。各場面の時間の長短で、心身の集中力を注意深くコントロールしていくことができるのです。心身の活動の量を「疎」「密」と考えれば、精神活動の活発さも意識できるでしょう。また能動的活動に加えて受動的活動を用意することが大切です。それらを対象者に合わせてプログラミングし、実際の場面でセラピストが柔軟に展開していくには、セラピスト自身の心身リズム・テンポの強弱や長短、疎・密の感覚がは

っきりと意識され、それを自然な流れとしてつないで進行していける呼吸のヴァリエーションが必要です。

　具体的な内容を見ていきましょう。

① **始まりの歌・ドラムあいさつ**

　活動の始まりの合図の歌となります。これから楽しく参加しようという気持ちになれる、一定の曲を用意することが大切です。

　ドラムあいさつは、ハンドドラムを使って、対象者一人ずつと、「おはよう」「おはようございます」「こんにちは」「今日の調子はどうですか」と言いながらドラムをたたく活動です。例えば、〈♩♩♩♩〉とドラムをたたきながら「お・は・よ」とあいさつします。「こんにちは」を〈♩♩♩♩♩〉とたたきながらあいさつします。

　ドラムをたたきながら発声することで、心身リズムと言語リズムの同一性を観察することができます。例えば、「こんにちは」のドラムのリズムを、〈♩♩♩♩♩（こ・ん・に・ち・は）〉ではなく、〈♩　♩　♩（こん・にち・は）〉とたたけるようになると、二つの音を一つにして、実際には音になっていないものをあるものとしてイメージしてたたくことができるという、抽象化の発達を見ることができるのです。

　また、高齢者の現場では、決まったあいさつの言葉を、一拍一音として共にたたくのではなく、ドラムを一定の時間たたき続けることで、対象者のその日の体調や感情を聞きとることができます。また、ドラムをたたき続けながら、ドラム上で対象者の音に出会うことを待ったり、たたきながら、さまざまな話題でお喋りをすることもできます。

ドラムを使用することで、声を発する際の心理的緊張を軽減することができるのです。音声言語で伝える前に、すでに音が相手に伝わっているというコミュニケーションの可能性を感じ、呼吸の大きさがドラムの音の大きさとなって、発声にも影響を及ぼすことになるのです。

　そして何よりも、このドラムを使う活動は、音声言語であいさつできない対象者に対して、いろいろな可能性を示してくれます。音声言語以前の身体リズムの有無をドラム打ちで観察したり、ドラムをたたく動きや音をコミュニケーションとして意識できているかなどが観察でき、それらの発達を促すことが可能になります。反応のほとんど出ない対象者に対しては、ドラムの振動で触覚刺激を行うことも可能です。ドラムを使用することで、重度の障害のある対象者と振動を共に体験することができ、出会いのためのあいさつとすることができるのです。

　セラピストが対象者に出会っていくこのあいさつは、同時に、対象者同士のあいさつとなる可能性も持っています。ドラムを持って、対象者みずからが活動を進めていくことも可能でしょう。このことは、対象者自身が人の前に立ち、一人一人に出会おうとすること、一人一人を意識して音声や名前で繋ごうとすることなど、多くの体験をあいさつの活動の中ですることになります。

② 手遊び・歌遊び

　G. Co-MT の導入部分にあたります。グループの雰囲気や参加している対象者の興味、運動能力、認知能力などを考慮して選曲します。既存の曲をそのまま使用したり、興味を引きながら参加できるようにするために、編曲をしたり新たに作曲することも必要となるでしょう。この手遊び・歌遊びの場面では、まず、その日の対象者の状態やグループの雰囲気を把握し、楽しい雰囲気の中で他者との関わりを持てるようにします。

　この手遊び・歌遊びは、セッション以外の日常生活の中でも容易に行うことができるので、繰り返し体験することができます。対象者によっては、それが家族の中での唯一の遊びとしての意味を持ち、歌遊びがコミュニケーション手段であったり、笑いの生まれる場面であったりすることも多く、大切な活動と

言えます。

　高齢者の場合は、これまでの人生の中で経験した歌を唄うことは、その歌と共に在りし日々の記憶を呼び起こすことになったり、歌と共に体験した感覚を再び体験することになります。唄うことで日常のストレスを発散したり、歌にのせて感情の表現を行うこともできます。グループ・セッションの場合には、仲間と唄うという状況の中で、他者への意識を促すことになります。これは、呼吸を共にするという経験につながります。場合によっては、発声の練習もこのプログラムで行われます。

③ 小プレイ

　簡単な、まとまったプレイ（遊び）を行います。内容は、それぞれのグループやそのセッションのねらいによって異なってきますが、基本的には、これからのプレイを調子よく行うためのウォーミングアップとして行われます。音や音楽を利用すると共に、視覚的な遊び、認知的な遊び、素材遊びなども含めて、セラピストが観察したい対象者の姿を映し出せるように課題を選んで提示することになります。

④ リズム・ムーブメント

　リズム・ムーブメントでは、心身リズム・テンポのヴァリエーションを、音や音楽を使うことで、豊かに体験していくことを目的とします。基本の動きを、ある決まった音や音楽のリズム・テンポの要素で決定し、そこに心身のリズム・テンポによってヴァリエーションが加えられた内容を展開していきます。ここで楽器の音を動きで表現したり、動物模倣などの象徴活動や、ダンスが加わったりすることもあります。

　こうした経験の積み重ねで心身リズム・テンポのヴァリエーションが獲得されていきます。ヴァリエーションの豊かさが、さまざまな環境の中に存在するリズム・テンポに適応していく力となり、感性の豊かさにつながっていくのです。対象者は、日常生活の中でほとんど体験することのない、心身の動きを、音・音楽と共に、あるいは音楽の中で体験します。音・音楽を使うことによっ

て、心が動き身体も動きます。逆に、身体が動くことで心を動かすこともできるのです。

アプローチの基本は、まず、対象者自身の持っている動きのリズム・テンポを観察することです。そして、どのように音や音楽という聴覚刺激を受けとり、それに対して、どの程度自分の心身をコントロールできるのか、聴きながら、見ながら、動きながら、考えながら、感じながらという感覚の統合がどの程度できているのか、などを観察します。そして、心身リズム・テンポのヴァリエーションのよりいっそうの広がりを期待していくのです。

そのために、さまざまな素材を利用することも多くあります。音や音楽と同時に、フワフワの布やシャボン玉、磁石やゴムを利用します。対象者の触覚や視覚などに強く訴えかけながら、それらの素材が持つ独特のリズム・テンポを利用するのです。このようなアプローチは、表現することや運動感覚機能の回復・発達を促すことにもなるでしょう。音・音楽のリズムやテンポ、ハーモニー、メロディーなどのさまざまな要素で、訓練的ではなく、自然に表現することや、繰り返し行うことを促し、その回復・発達を図ることにつながるのです。

⑤ リラクセーション

リズム・ムーブメントの活動で、充分に「動」を体験したあとの「静」の活動となります。人の動きは、緊張と弛緩の繰り返しです。従って弛緩の部分を、このリラクセーションの場面で実現するために、リズム・ムーブメントの活動は重要になるのです。

身体の弛緩に合わせて、心理的な弛緩を促すために、音や音楽を利用して、そのための空間を創ります。対象者の人数やその日の状態、季節や天気、気温によっても、その空間を創る音や音楽は変化します。柔らかい管弦楽の音は、空間を柔らかく包み込むでしょう。優しいフィンガー・シンバルの音は、心地よい清涼感をもたらし、この音を聴こうと求めることで精神的なこだわりから開放されやすい空間を作るかもしれません。シンセサイザーの不思議な響きの連続は、現実を離れて宇宙空間をさまようようなイメージを引き起こすかもしれません。こうした音や音楽の力を借りることで、リラクセーションがよりい

っそう容易に促せるようになるのです。

　対象者に対しては、静かに目を閉じて仰向けに横たわり、その空間の音楽に浸るように促します。時にはその空間の照明をおとすこともあります。

　基本的には、対象者がみずから心身の緊張を解き弛緩の状態を作ることを期待しますが、コミュニケーションがスムーズにいかない対象者の多くは、このリラクセーションの活動が不得手です。仰向けの姿勢をとることそのものが難しいので、静止のその姿勢に至るまでに、一連の過程が必要になります。身体を揺らしたり、瞬間的に力を入れてその直後の弛緩の状態を感じたりすることから導入し、時には、シャボン玉や、海をイメージさせる布などを利用しながら行います。

　弛緩が可能になってくると、他者を受け入れられるようになり、手や背中を合わせたりする活動も可能になります。人の身体の温もりや重さを感じることができるようになってくるのです。そして人の温もりや重さそのものが、より弛緩を促すことになるのです。受動的な活動と能動的な活動を繰り返しながら、対象者がみずから、弛緩する心身を感じ、その状態を創り出せることを期待していくのです。

⑥ 音づけ絵本・音語り

　音づけ絵本・音語りとは、絵本や民話にセラピストが音や音楽をつけて物語るものです。絵本や民話、童話、詩といった、言語という、音楽とは異なる表現領域の芸術に対しても、音・音楽を利用することで、対象者をスムーズに導くことができるのです。物語の世界をより感受しやすく、理解しやすく、イメージ豊かに体験できるようにすると同時に、音・音楽を、より深く豊かに体験することを目的とします。

　この活動では、物語の全体の雰囲気を、音・音楽で対象者に感じさせたり、物語の場面をパターン化することで内容をより明確にしたり、「大きい」「長い」といった言葉の意味の理解を音で促すことができます。何かが動いていることは、音の動きや大きさの変化で直接感じることができます。絵本や民話の世界を、多感覚に感じることで、今ここにあるように体験できるのです。この活動

を積み重ねることは、短期記憶や長期記憶の刺激ともなります。

　これは、G. Co-MT においては唯一、座ったままの受け身の活動です。イメージは豊かに広がり、精神性の高い活動であり、心身のリズム・テンポが整えられたリラクセーション活動の後に、このプログラムを置くことには大きな意味があるのです。

　読み手と演奏者（セラピスト）は、対象者に向けて、即興で演奏を行います。音・音楽は、事前に十分に検討・創作をしておきますが、実際のその場の呼吸に合わせて、注意深く、またそのセッションの目的に沿って展開していかなければなりません。

⑦ 大プレイ

　その日のセッションの中心となるメインの活動です。内容は実にさまざまであり、グループによっては、コミュニケーション能力促進のための活動であったり、イメージ化を促すための活動であったり、動くことや描くことなどの、さまざまな表現を促す活動であったりします。時には、認知学習と心身リズム・テンポとの関係を探るための演奏活動となることもあります。

　これらは、対象者の自己表出や自己表現、自己実現のための能力を高めること、そのための対象者の発達・状態の改善を目的とした活動でなくてはなりません。音や音楽を使って、対象者が多感覚に「遊び」として体験できる活動を用意して行います。対象者同士が関わり合いながら、発達や状態の改善を促す効果を求めるために、グループ・セラピーの意味があります。対象者が活動する姿または音・音楽に間接的に映し出される姿が、グループ全体で揃うことを期待するのではありません。一人一人の姿が映し出され、その姿がグループの中で他者と関わりながら発達・変化していくことを期待するのです。G. Co-MT の対象者は、そのために必要なメンバーとしても慎重に選ぶことが大切です。

　この活動では、セラピストは、セラピーとしての「遊び」を創り出す能力が必要とされます。構成メンバーそれぞれの発達や現在の状況を把握し、G. Co-MT におけるアプローチの目的を明確にしたうえで課題を提示し、それを音・

音楽を利用した「遊び」の形で展開していくためには、セラピスト自身が、音・音楽の効果を十分に体験的に知っていなければならず、同時に、人間の心理的行動や、音に限らずさまざまな領域の即興性も要求されます。そして何より、対象者の一人一人を観察し感じとることのできる、セラピストの多感覚さが必要となるのです。

⑧ 楽器演奏

　この活動の目的は、「演奏」にあります。演奏の概念については、すでに第3章3「演奏・即興演奏」で述べましたが、G. Co-MT のプログラムにおける「演奏」の場面では、音を使いながら、対象者みずからが、音・音楽を創造する能力を獲得していくことを目的とします。楽器演奏は、音を「創る」という行為から生まれる楽しみ、喜び、達成感などさまざまな感情を、音として形にしていきます。そして対象者一人一人が、自信を持って自分の音楽をしながら他者と出会っていくことを保障してくれます。

　演奏する曲は、対象者が自分で作った曲、または既存の曲です。演奏を通して「自分」を表現しながら、さらにより的確に、いま自分が感じていること、表現したいものを探ること、それを他者に伝えることを、対象者が求めていくように促し、観察します。

　この場面でどのような曲を用意するか、その選択が非常に重要ですが、まずは、対象者が「演奏」で表現しようという気持ちになる曲かどうかが大切です。対象者の興味をひく曲、対象者が捉えられるテンポやリズム・パターンを持つ曲などを選ぶべきでしょう。

　演奏するためには技術が必要です。気まぐれに音を出すことから、音を持続させること、パターンを捉えること、いろいろな楽器を経験することを繰り返し積み重ね、対象者が表現したいことをできるだけスムーズに伝えるために楽器を選択したり、そのための演奏技術を獲得するよう促していきます。パーカッション楽器は利用しやすく、対象者に多感覚にアプローチしやすい楽器と言えます。

　グループで合奏をする場合、一人一人の対象者が、他者と共に演奏すること

から生まれる共感、メンバーの一員であるという連帯感、あるいは楽器や音によって可能になる役割意識からくる充実感を体験することになります。

こうした体験を通して、対象者は、演奏することに対するよりいっそうの喜びと意欲を促され、「自分」を他者の前で、または、他者と共に表現できたという満足感や自信を獲得し、自己を大きく成長させていきます。これが音楽するという活動のエネルギーとなると同時に、生活のエネルギーにつながっていくと考えられます。

⑨ 終わりの歌・ドラムあいさつ

始まりの歌と同様に、この曲でいよいよ活動が終了するということを示す、いつも決まった歌を唄います。場合によっては、ダンスに代わることもあります。その理由は、終わりに参加者全員で歌を唄うという「静」の活動を持ってくるよりも、参加者全員が手をつなぐなどして、共に活動したということを「動」として示すほうが自然である場合もあり、また、プログラムの終結につなげるために「動」が必要な場合も多いからです。

最後に、セッションを終了するという合図をハンドドラムを介して行います。ドラムの操作は始まりと同様にしますが、ここでは、始まりの時からの対象者の心身の変化を観察することが大切です。セッションの終わりの場面は、セラピストの予想以上に、対象者の活動参加のモチベーションが高いので、コミュニケーションの可能性や、ドラム操作その他、対象者の思いがけない反応を観察することができる場面となります。

(3) グループでの Co-Musictherapy の留意事項

G. Co-MT の活動は、以下の点に留意して行われます。

1）活動の目的を明確にしてセッションを行う。
2）対象者の人数や状態によって、実施する場所を考慮する。
3）常に楽しい雰囲気で、活動意欲を刺激する内容を用意する。

4）グループ全体を把握するためには、セラピストが対象者一人一人と出会っていなければならない。一人一人の発達や現状を捉え、その人のための活動の目的を明らかにしておくべきである。
5）セッション前の計画や準備をスタッフの間で十分に行う。同様に、セッション後の観察記録や反省、気づきなどを十分に検討しあうことが大切であり、それが次回のセッションへつながるということを認識しておく。
6）使用する音や音楽は、対象者の音楽経験や体験を十分に考慮して選び、場合によっては使用できない音や音楽があることを理解しておく必要がある。
7）音や音楽はいろいろな経験や記憶と結びついているために、対象者の状態によっては好ましくない行動を引き起こすことも予測しておく。音や音楽は、対象者がみずから意識していない感情をも増大させたり減少させたりするために、収拾のつかない興奮や好ましくない悲哀感を誘発したりすることもある。対象者の状態を十分に観察したうえで、楽器などを選択しなければならない。
8）対象者について多くの情報を観察することが可能となるのは、常に、対象者が選択できる自由な場面であるということを知っておく必要がある。
9）ミュージック・セラピストは、セッションが行われる現場の職員と緊密な連携を保つ。職員の理解と協力を得て初めて、実践の現場の臨床が可能となり、効果が生まれるということを、両者が理解して行う。
10）「楽しい」ということに、人の発達を捉えた視点を持ち、「遊び」の形を通して豊かに展開していく可能性を常に追求していかなければならない。

3　障害児、障害者、高齢者の G. Co-MT の実際

(1) 障害児の G. Co-MT の実際

　障害児へのアプローチのキーワードは、「発達」と言えるでしょう。人の発達で最も大きな変化が期待できる乳幼児期は、子どもの今後の発達を大きく左右し、障害を早期に発見することや、セラピーの十分な効果を期待してアプローチをしていく時期です。人の一生の基礎が形成されるこの時期に、さまざまな感覚を刺激して発達を期待し、自分自身の心身リズム・テンポの確立やそのヴァリエーションを獲得する可能性を見ることができるのです。また、この時期に、母親を中心とした養育者や子どもの周囲の人々が、発達の可能性を共に感じ、体験していくことは、子どもと親の今後の生活に大きく影響してくるのです。

　障害児の G. Co-MT は、対象者の心身リズム・テンポに合わせたプログラムでアプローチすることから始まります。心身リズム・テンポのヴァリエーションを広げていくために、プログラムのリズムやテンポを短期的・長期的に操作・変化させていくことが必要です。例えば、多動の子どもの多いグループでは、活動開始当初は、動きを伴うプログラムが用意され、活動の一つ一つが速いテンポで進められていく場合が多いでしょう。4〜5ヵ月経つと、あるパターンの活動がゆっくりした呼吸で内容を深めて進むことになったり、あるいは活動全体の緩・急が生まれるなどの変化が現れてきます。

　こうして、さまざまなテンポの呼吸を必要とする活動を体験し、時間をかけて、柔軟に動いていく体験を積み重ねていく過程で、対象者は、自分以外の他者や、他の物との出会いを可能にしていきます。セラピストは、対象者一人一人の活動状態を観察し、発達という視点でその変化を捉えていくのです。

以下に、プログラムの一例を挙げましょう。

ある日のプログラム

① 『こんにちは』／ドラムあいさつ
② 手遊び……『山小屋一軒』、『大型バス』
③ カードマッチング
④ リズム・ムーブメント／動物模倣
⑤ リラクセーション／『オスカーダンス』
⑥ 音づけ絵本『こうちゃんのちょこれえとけえき』
⑦ ドラム・インプロヴィゼーション
⑧ 楽器演奏……『勇気りんりん』
⑨ 終わりのダンス／ドラムあいさつ
⑩ 親とのミーティング

このプログラムを使って、実際に、肢体不自由児6人のグループを対象に行われた時は、次のような内容の活動が展開されました。

① 始まりの歌とドラムあいさつ

いつもの歌『こんにちは』を、手拍子・足拍子でリズムをとりながら唄います。ハンドドラムを使って一人一人にあいさつして回ります。ある子どもは、言葉はありませんが、〈♩ ♩ ♩〉とドラムを打ちます。またある子どもは、「こんにちは」の「は」に合わせて打ちます。右手を介助して上にあげてもらい、そこからドラムの上に落ちる手で出る音と同時にセラピストが言葉をつけてあいさつにする子どももいれば、固く握りしめた手のひらをドラム上に置き、セラピストの出す〈♩ ♩ ♩〉のドラム音の振動をあいさつとする子どももいます。どのような状態でも、ここで出会ったこと、出会えたことを十分に確認できる方法で、このあいさつの儀式が行われます。

② **手遊び**

『山小屋一軒』では、大きく両手をあげて山小屋を作ります。子どもは歌に合わせた動きで一生懸命バランスをとろうとしたり、身体のうしろから介助されて上に伸びたりします。

登場する動物を自由に変えていくこともできます。曲の終わりの「ズドーン」の場面でコチョコチョとおなかをくすぐられて、喜んだり、反対に緊張したりします。

『大型バス』では、切符の代わりにいろいろな素材を回します。バスに乗って走る軽快な曲に合わせて、次々に回されてくる素材を体験します。まず、手でちょうど握ることのできる大きさのゴムのボール、そして毛糸で作られた玉、たわし、手で押せばすぐに変形する素材のボール、アンパンマンのボール、ビー玉、直径20cmくらいの柔らかいボール、50cmくらいのセラピー・ボールなど。軽いもの、重いもの、大きいもの、小さいもの、ざらざらのもの、柔らかいもの、グニュグニュとのびるもの、怖そうなもの、楽しそうなものなど、さまざまな素材を体験する場とします。

「おとなりへ・ハイ ♪♪♩ ↓」のところで、隣の人に渡す時のテンポやリズムを、回ってくる素材に合わせたテンポや声色にすることも大切です。次第に手のひらを広げる子ども、直接触れるのを嫌がる子ども、刺激を積

切符に使用する素材の例

極的に受けとる子どもなど、さまざまです。しかし、肢体に障害のある子どもは、こうした素材を直接自由に体験する場が少ないために、外界のものに対して警戒し、受け入れることを怖がったりする場合も多くあります。音楽のリズムにのせて素材を回すという、遊びの一定のパターンをとることで、音楽リズムを体験しやすくなるのです。

③ カードマッチング

カードマッチングは、食べ物や動物などの絵が一枚に一つずつ描かれている、一辺が15cmくらいのカードに手にしたカードを置いていく遊びです。

カードを手にした子どもは、セラピストの ♩ ♫ ♩ ♪ ♩ ♫ ♩ ♪ の軽快なボンゴの音に合わせて動き始めます。そして、調子よく合わせた「はいどうぞ ♫ ♫ ♩」のタイミングで、目的のカードの上に置きます。マッチングが理解できない子どもの動作は、音に合わせて誘導します。音があれば、動くこと、進むことを示し、音が止まれば、動きを止めてカードを置くという行動を促すことができるのです。肢体不自由の子どもたちは介助をうけながら音にのって動きます。脇や腰部分の介助でしっかり足をつけて動ける可能性を感じさせながら、見ること考えることを促していきます。

周りで他児の様子を見ている子どもたちも、ボンゴのリズムに乗って、一つの課題に参加することができます。ボンゴの音は、その時の状態に合わせて変えていきます。落ち着いた雰囲気を要求する時には、フィンガーシンバルなどを使います。

マッチング能力はどうか、順番を待つことができるか、他児の観察ができるか、音に合わせて楽しい雰囲気の中で、自分の心身リズム・テンポをコントロールできるのかなどを観察するのです。

④ リズム・ムーブメントと動物模倣

リズム・ムーブメントでは、「スタンダードに歩く」「止まる」「走る」「バックする」を繰り返します。ピアノの音に合わせて歩く時は、子どもが自分で左右の足を動かすように、後方から脇下を支え、重心の移動をしっかりと行える

ように介助します。「止まる」ことは、子どもが自分で足の動きを止めることで可能となります。「走る」ことは、肢体不自由の子供たちにとっては、素早く足を動かすことや身体全体がスピード感を持って動くことを意味するでしょう。この速い動きの場面で、子どもたちの心が開放されていくような動きの介助をすることが大切です。歩行の場面とのテンポ差をしっかりとつけることや、「走る」の後に「転ぶ」を入れることも、この活動の効果をあげることになるでしょう。このあとに、『一本橋コチョコチョ』を導入し、皮膚感覚を直接刺激し、曲に合わせた期待感を観察します。「バックする」動きは、介助された立位の状態から後方へ足を動かすことで行うことができます。

　発達の段階に応じて、いろいろな動物を表現する遊びを動物模倣として行います。音や音楽は、その動きを誘発する刺激として使われます。例えば、大きなドラムの音を鳴らして、「誰が来たかな？」と尋ねると、子どもは「ぞう」と言いながら、ぞうのような大きなゆっくりした動きを表現しようとするでしょう。『ぞうさん』を歌いながらドラム音で演奏することもあります。あるいは、スライドホイッスルの音からは、長い蛇の動きが生まれるかもしれません。

　そのあとに、お母さんに抱かれてワルツを踊ります。3拍子の軽快な揺れと回転することをパターンとしたダンスは、親子の関係を楽しい揺れの中でより強めることになります。このような活動を通して、子どもたちは、肢体の不自由さがあっても、動くことの楽しさ、動けるという喜び、その動きに伴って自分の思いを表現できる喜びを体験していきます。肢体不自由児の場合、どのような介助を行うか、その工夫が難しいところです。最も大きな効果をもたらすためには、介助は最小限にし、子ども自身に「動ける」という可能性を感じさせることが必要です。

⑤ リラクセーションとオスカーダンス

　ここでは、『オスカーダンス』という、ゆっくり揺れることのできる曲を利用します。事前に、床の上に子どもたち一人一人のために布を敷きます。子どもはその上に仰向けに横になり、流れてくる曲に合わせて、親がその布を引いたり横に揺らしたりして子どもを動かします。途中で、布の両端を大人二人で

持ち上げて、曲に合わせてブランコのように揺らすこともあります。ふだん緊張している子どもたちの中には、この揺れや動きや、布で包まれるという感覚の中で、徐々に弛緩を可能としていく姿も観察できるでしょう。

⑥ 音づけ絵本『こうちゃんのちょこれえとけえき』

ここでは、絵本を音と共に体験します。創作絵本『こうちゃんのちょこれえとけえき』を語りながら、情景を音や音楽で表現してみせます。演奏される曲に合わせて身体を揺する子どもがいます。皆の歌声を、なんとなく楽しい雰囲気と感じている子どもがいます。読み手の声と同時に、絵で表われた「こうちゃん」の動きが音となって子どもたちに伝わり、理解やイメージが深まります。絵本の内容理解は、音のパターン化によって促されやすくなります。音と同時に「よいしょ、よいしょ」と声を出して、主人公と一緒に同じパターンで次々に出てくる大きな物を押す場面、ページをめくる時に必ず鳴るツリーチャイムの音を聴いて、一緒にページをめくろうとしたりする場面など、同じパターンへの気づきが、子どもたちを絵本に近づけていくでしょう。主人公と一緒にチョコレートケーキを食べようとしたりする子どもたちがそれぞれ自由に絵本の世界を体験できるように、ふさわしい空間を提供していくことが大切です。

⑦ ドラム・インプロヴィゼーション

ドラム・インプロヴィゼーションでは、さまざまなドラム類をセッション・ルームの中央に並べて即興演奏をします。誰がたたき始めるのかは自由です。自由にたたけることが嬉しくて、なかには乱暴にたたき続ける子どももいるでしょう。

セラピストは対象の子どもたちが出す音の中から、できるだけ共通のリズムを見つけ出して、パターン化を試みます。短いパターンに歌を即興でつけてみると、意外にのってくる子どももいます。エンドレスに続けることのできる『ラララレラ』（117頁で紹介）などを入れていくことも楽しく、子どもたちも、歌いながら身体を動かして、のってくるでしょう。

曲が自然に終わるようにするタイミングも大切です。終わった瞬間、子ども

たちは、音がなくなって初めて、音があったことに気づくように、新鮮に顔を見合わせます。一人一人の音が重なりあっていたことに気づくのです。全員の音を待って、そろえようとして終わることもできます。この場合は、音を次第に大きく速くしていくことで可能となるでしょう。

〈同質〉の音も随所に生まれます。〈同質〉の関係を作りながら、子どもと曲をつなぎ、子どもと子どもとをつなぎ、一つの音楽となっていくことを期待して、何度も消えては生まれていく音のフレーズを形として構成していくには、セラピストの高度な即興技術が問われます。しかし、ドラム楽器は、このような素朴な設定の中でも、人間の即興力や、他者を感じ、合わせるコミュニケーションの力を、意味を持たされた音や即興音楽として、私たちに示してくれるのです。

⑧ 楽器演奏

『勇気りんりん』の曲に合わせて、パーカッション楽器をたたき分けて楽器演奏をします。(**図2を参照**) 子どもの動きができるだけ音となるように、介助を工夫します。脇をしっかり支えて両手を自由に動かせるようにしたり、バチの方向を一定に保持したりすることが必要になるかもしれません。

「アン・パン・マン」の歌詞に合わせたリズム〈♩ ♩ ♩〉は、発語の身体

ドラム・インプロヴィゼーションで使用する楽器例

リズムとも深く関わり、3打のリズム体験になります。いろいろな楽器の音や、メロディーやリズムとの関係を、この楽器演奏の中で体験することにもなります。

　他児や親の前に出て一人で演奏し、聴衆から拍手を受けます。人の前で表現し、認められる経験が、表現意欲を高め、「できた」という自信を獲得することになります。それは演奏する前と演奏したあとの動きの大きな変化として表れます。演奏後の歩幅を広げて自分の場所にもどってくる姿で観察することもできます。その自信から、よりうまく表現したいという思いが生まれ、より複雑な構造の音楽や、高度な演奏技術や、工夫して表現しようとする意欲を、自分から求めていくことにつながります。

⑨ 終わりのダンスとドラムあいさつ

　セッションの最後の場面では、まず、『ゴムの輪のびろ』の曲に合わせて、終わりのダンスをします。全員で活動したという意味を込めて手をつなぎ、伸びたり縮んだりする曲です。曲の最後は親が子どもの後ろに回り、ゴムが伸びてパチンとはじけ、後方に来た子どもを親が後ろから抱きかかえて回して終わります。この場面でほとんどの子どもは大喜びをします。

　それから円座になり、「さようなら」に合わせて、ハンドドラムであいさつをします。始まりのあいさつと同様に、言葉との関係やコミュニケーション意識、子どもの状態を観察することができます。特に終わりのあいさつでは、その日の活動の状態がよく表れます。始まりと終わりのあいさつでどのような変化が生まれたかが観察できます。多くの場合、始まりよりも気持ちよく積極的になっているドラム打ちを期待できます。

⑩ 親とのミーティング

　親とのミーティングでは、今回の活動で感じたことや子どもの状態などを話し合います。この気づきをセラピストを交えて親同士が出し合うことは、親たちが相互に育ち合い、子どもを育て合うという雰囲気を創り出します。そのような雰囲気の中で、子どもの発達や、親としての発達援助などについての新た

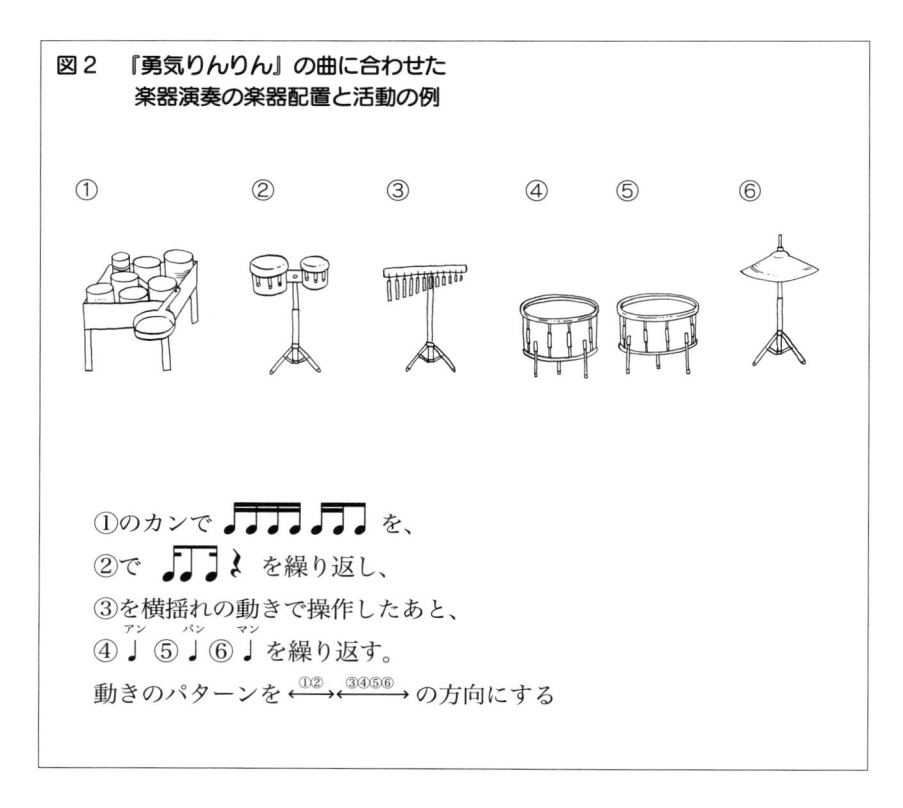

```
図2  『勇気りんりん』の曲に合わせた
     楽器演奏の楽器配置と活動の例
```

①のカンで ♫♫ ♫♫ を、
②で ♫♫ ♩ を繰り返し、
③を横揺れの動きで操作したあと、
④♩ ⑤♩ ⑥♩ を繰り返す。
　 (アン)(パン)(マン)
動きのパターンを ⟷①② ⟷③④⑤⑥ の方向にする

な視点を持つことができるようになり、これからの子育ての方向性を確認することができます。これがその後の子どもの発達に深く影響していくのです。セラピストにとっては、親が子どもの姿をどのように理解しているのかを知る場面でもあり、活動の意味や気づきを親たちに話したり、活動の場面での体験を話題にすることで、親たちと共通の理解を持つことができます。

(2) 障害者のG. Co-MTの実際

　障害者(成人)へのアプローチのキーワードは、「楽しみ」と言えるでしょう。楽しみをもっとも自由に体験できるはずのこの時期に、障害のある人も同じように、それぞれの発達段階に応じて「楽しい」と体験できる活動を行うことが

大切です。自分が何かを感じることができ、それを表現できること、創造していけること、そして対象者自身が発達を感じることができる活動を選ぶことが大切です。日常生活においては、年齢が上がれば上がるほど、楽しみの場を見つけることは難しくなり、何となく楽しいと感じても、自分が主体となって楽しもうという場面はあまりないのが現実かもしれません。音や音楽を使ったこの活動は、成人においては、生活の中での意味がより大きいと言えるでしょう。

プログラムの一例を見ていきましょう。

ある日のプログラム

① 導入のダンス・メドレー
② ドラムあいさつ
③ 小プレイ……ハンドドラム・リレー
④ リズム・ムーブメント（ダンスメドレー）　『バンバンバンバン』
　　　　　　　　　　　　　　　　　　　　　『エアー』
　　　　　　　　　　　　　　　　　　　　　『タンゴ』
⑤ リラクセーション……『ダナ』／音声インプロヴィゼーション
⑥ ドラム同質
⑦ 楽器演奏……『ビリーブ』
⑧ ドラムあいさつ

このプログラムで、例えば、知的障害者更生施設の重度のコミュニケーション障害を中心とした障害のある入所者12人を対象にした時には、次のような活動の内容が展開されました。

① 導入のダンス・メドレー

導入としてダンス・メドレーを行うのはなぜでしょうか。それは、自室からセラピー・ルームやプレイルーム、あるいは体育館に移動してきた対象者は、

たいていの場合、落ち着かなかったり、動きたいという欲求を持っているからです。すぐに着席行動をとるよりも、楽しい雰囲気を体験しやすいように、まず弛緩することを目的に、軽く動くダンス・メドレーを入れてみます。軽快なテンポとリズムをもつ曲を用意し、ダンスをしながら、対象者がセラピストと目を合わせることができるか、手をつなぐことができるかといった、対象者の状態を把握していきます。

② ドラムあいさつ

次に、円形になって座って、セラピストが一人一人の前にドラムを差し出し、対象者が「こんにちは」などのあいさつのリズムや言葉に合わせてドラムを打つように促します。自分の順番が来ることを期待する対象者が多く、そのためにも、円形に座ること、強制的な介助にならないように介助のありかたに気をつけることが大切になります。場合によっては、ドラムを持って回る先生役を対象者に任せて行うこともあります。

③ 小プレイ

小プレイとして、ハンドドラム・リレーを行います。全員がハンドドラムを持ち、順番に一回ずつたたいて音を隣の人に回すようにして、一周回るようにします。はじめは、対象者の名前を呼びながら、一人一人がドラムを打つタイミングをはかりながら音を回せるようテンポなどを考慮し、しだいに**図3**のように変化させていきます。セラピストが促さなくても、対象者が自分の打つタイミングや音を意識できるように、徐々に体験を積み重ねていきます。最終的には、セラピストの介入がまったくなくても、隣に音が回ってきていることを感じて自分で打てるようになることを目標にします。

円形になっているので、音は次から次に、隣へとつながっていきます。人がつながり、ドラムの音がつながり、人の呼吸がつながっていくという活動です。うまく隣にまわそうと身体を傾ける対象者や、自分の番を確かめるようにセラピストのほうを見る対象者など、コミュニケーション意識の高まりが観察されることでしょう。

④ リズム・ムーブメント

　リズム・ムーブメントの活動として、ダンスメドレーを行います。これはさまざまなテンポやリズムの曲をメドレーで続けて、ダンスの形で体験する活動です。子どもとは異なり、音に対する瞬間的な反応を期待するのではなく、身体の動きのパターンのヴァリエーションが増えることを期待して行います。

　曲は、対象者の状態や目的に合わせて選びます。先に例として挙げた3曲の1曲目は、比較的テンポのはっきりした曲です。動くことの意識化を促すのを目的とした選曲です。この曲では、ある決まったリズム・パターンを持つ歌詞のところで、向かい合った人と手を合わせてたたくという動作を取り入れることもできます。動きのヴァリエーションとして、2曲目ではふらふらと漂うような動きを誘発できる曲と、3曲目では、リズムの明確なタンゴの曲を用い、歯切れよく動くことにしました。

　このように、さまざまな音楽の中で、まず呼吸を意識しながら、それぞれの対象者がどの曲ならば「のれる」のか、どの動きが可能なのかを観察します。

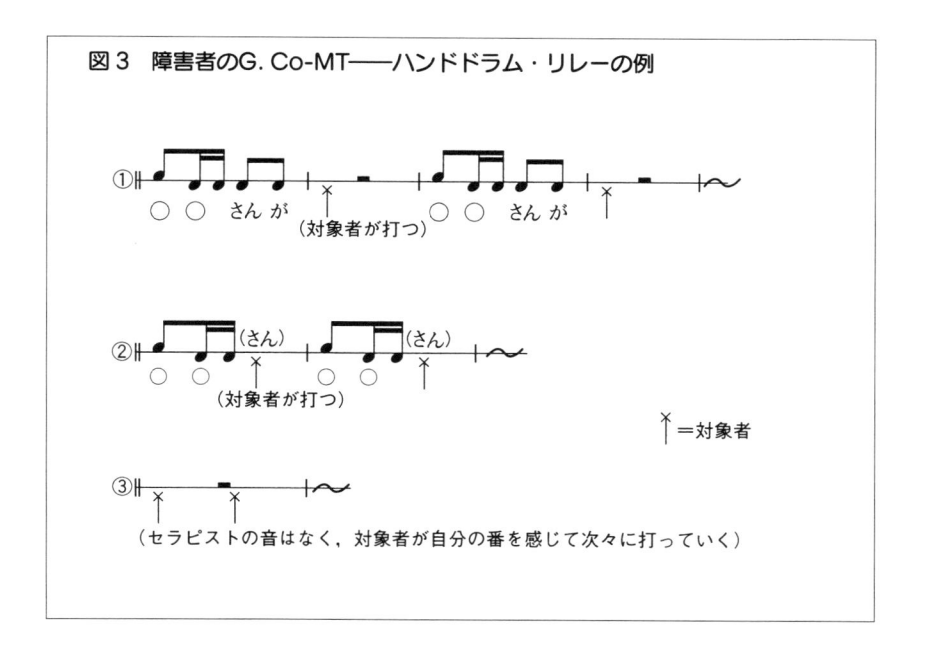

図3　障害者のG. Co-MT――ハンドドラム・リレーの例

① ○○さんが（対象者が打つ）○○さんが

② ○○（対象者が打つ）（さん）○○（さん）

↑＝対象者

③ （セラピストの音はなく、対象者が自分の番を感じて次々に打っていく）

「のれる」ダンス曲が増えることで、対象者の心身リズム・テンポのヴァリエーションも増えていきます。ダンスの形をとることで、音楽の中で楽しみながら他者と出会い、触れ合いながら、共に動きをや呼吸を変化させていくことが容易に可能になります。

⑤ リラクセーションと音声インプロヴィゼーション

　しっかり動いた後のリラクセーションでは、床の上に仰向けになります。最初は、対象者の何人かは不安気にセラピールームの壁によりかかるかもしれません。しかし、しばらく周囲を観察し、何を行うのかを確認できれば、床の上に横たわることができるようになるでしょう。また、コミュニケーションに障害のある人の多くは、床の上に横たわるという形を取ることができても緊張がとれないため、セラピストは、片足ずつ、片手ずつ、というように、対象者の手、足、肩、頭などを部分的に少しずつ動かしながら、対象者がみずから意識的に力を抜くことができるように、一人一人を回って確認していきます。そうした体験を積み重ねていくうちに、次第に、他者と背中を合わせたりするリラクセーション活動も可能となっていきます。

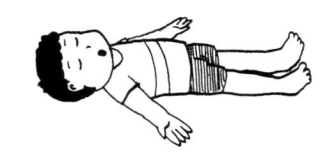

　リラクセーションに続いて、音声インプロヴィゼーションを行います。これは対象者が一人一人、出したい音声を出していくものです。どんな音を出しても良いということを伝えるために、まずセラピスト自身が、日頃は出せない音声を出して対象者に話しかけるようにします。対象者は、日頃から繰り返している音声や言葉をこの時に出したり、セラピストの出す音声や耳にした音声をまねて出してみたりするでしょう。セラピストは、これらの音を音楽へと導いていきます。音声で即興演奏する形となるのです。セラピーの空間が、これまでとはまったく違った、静かな空間になります。

　この場面では、重度の障害のある対象者が、おなかの奥から意外な音声を出すということに、気づかされることが多いのです。身体のリラクセーションが

声を出すことを可能にし、仲間の音声の息を直接感じることで、さらにリラクセーションが促されることになるのです。

⑥ ドラム同質

　ドラム同質は、積み重ねるうちに、ほとんどの対象者が得意とする活動となっていきます。ただ単純にドラムを打つことで自分を表現でき、他者と出会え、共感できる、失敗のないこの活動は、成人の日常生活で第1に保障したい「個の存在を認める」という意味で、欠くことのできない活動の一つと言えます。

　日頃はコミュニケーションをとることが難しいと言われている対象者が、次第に表情豊かに、目をしっかりと合わせながらたたく姿を見せてくれます。この活動の中で、次第に、自分を認めてもらうこと、もっと楽しく表現できることを体験していき、他者と出会うことを楽しいと感じていくのです。

⑦ 楽器演奏

　楽器演奏では、ある曲のベースをキーボードで弾いたり、簡単なパターンでドラムセットを使って演奏することが（対象者によって）可能であれば、演奏の中にそれらを取り入れます。曲にはアレンジが大切です。パーカッション楽器を中心に演奏をしたり、いろいろな場所でいろいろな演奏の楽しみかたが可能です。シェーカーを振りながら踊ったり、二人で交互にコンガを打つ姿が見られるかもしれません。全員がなんらかの形で一つの曲の演奏に参加するということは、同じ施設の中で生活していく対象者同士の日常生活とはまた違った出会いの場となっていきます。

⑧ ドラムあいさつ

　ハンドドラムを使って終わりのあいさつをします。ほとんどの対象者は、「終わり」や「さようなら」と言いながら打つか、あるいは言葉はなしで、〈↓　↓　　↓〉と3打します。ここでもやはり、始まりのあいさつからの変化が観察され、一人一人のリズムがより生き生きと聴かれるでしょう。この儀式を繰り返すことで、活動にほとんど参加できなかった対象者にとっても、「終わり」

の理解が生まれることもあり、対象者の積極的なドラム打ちが期待できる場面となるでしょう。

（3）高齢者のG. Co-MTの実際

　高齢者へのアプローチのキーワードは、「表現」と言えるでしょう。人の一生を締めくくるこの時期に、豊かな実りを感じ、それを表現することは、何よりも大切なことです。セラピストにとっても、高齢者のセッションに豊かな実りを感じることは、何よりの学びとなります。人生の学びとも言える、この学びを可能とするのは、高齢者の生きているそのままの姿であり、表現する姿でしょう。

　しかし、高齢者自身は、実りを感じられるような環境になかったり、どのように感じればよいのか、その手がかりがなかったりする場合もあります。まず、今の自分を表現すること、表現できることを体験し、それらが、これまで生きてきた自分の人生ゆえに成り立つことを、自分自身で意識していけることが大切でしょう。

　音や音楽を使った多感覚な活動は、高齢者の感覚の可能性を見つけ、その部分を活発に刺激していきます。さまざまな音楽体験は、その人の歴史と共にあり、ある時代やその時の生活、さまざまな思い出などを呼び起こします。それらを肯定しながら、今、共にここにいることを楽しめること、自分の新たな可能性を感じることを目的として、G. Co-MTの活動を展開していきます。

　さまざまな心身の障害のために自宅で生活できず、施設に入所している高齢者にとっては、その施設が、自分にとっての新たな豊かな社会となっていく必要があります。また、自宅で生活する高齢者は、日常生活の不安やコミュニケーションの困難さを感じながら生活をしており、一人暮らしの場合はますます不安な感情が増大することで、さらに二次的な障害を生むことにもなります。人との「出会い」の場として、そして、生涯にわたる発達の可能性を求めていく場として、G. Co-MTが機能していくことを期待して、活動を展開していくことが大切です。

プログラムの一例を見てみましょう。

ある日のプログラム

① ドラムあいさつ
② 歌と〈身体発声練習〉……『春の小川』／発声練習／再び『春の小川』／『茶摘み』
③ ボール回し……『もしもしカメよ』
④ リズム・ムーブメント（ダンス・メドレー）……『マイハピネス』
　　　　　　　　　　　　　　　　　　　　　　　『花のワルツ』
　　　　　　　　　　　　　　　　　　　　　　　『祭り』
⑤ リラクセーション……『夜明け』『ふるさと』
⑥ 音語り『入道松の天狗様』
⑦ 楽器指揮
⑧ 楽器演奏……『炭坑節』
⑨ ドラムあいさつ

このプログラムで、特別養護老人ホームの重度の痴呆の症状のある入所者を含めた10人の対象者のグループでは次のような活動の内容が展開されました。

① ドラムあいさつ

セッション開始の際、対象者がセラピー・ルーム（プレイ・ルームあるいは食堂ホール）に集まってくるまでには時間がかかることが多いので、活動を行う場所に、ある一定の曲を流しておいてもいいでしょう。全員が集まったところで曲は止め、ドラムあいさつをします。

ドラムあいさつは、対象者のその日の状態を観察する重要な場面となります。手を出すのか出さないのか、触覚刺激が入っているのか、打つことが積極的にできるのか、促されてするのか、いろいろと自発語で喋りながらドラム打ちを

第5章　Co-Musictherapyの構造　163

しているのか、セラピストの言葉を繰り返しながらドラム打ちをしているのか、といったさまざまな観察を行います。手を出さない対象者も、介助をしてドラムの上に手を置くことで、「ドラムを打つ」ということが理解されて、打ち始めるケースも多いようです。

②歌と〈身体発声練習〉

　その季節の歌や、その時の話題性の高い素材が含まれているもので、対象者が実際に口づさむことのできる歌を選んで唄います。
『春の小川』は、ほとんどの高齢者にとってはなじみ深い歌で、春という季節の素材も豊富に含まれています。歌い出しの歌は、この曲のように、歌いやすく、比較的ゆっくりとしたテンポで、短めの曲を選ぶようにします。
　次に、〈身体発声練習〉を行います。
　発声する身体との関係を考え、発声しやすいような動きをつけ、音のイメージ化やスムーズな発音を促します。両手を胸の前で打ちながら「パ」の音を、両手を左右に振りながら「サ」の音を、舌や肩を回しながら「レロレロ」、両手を大きく上にあげて円を描くようにしながら「ア」の音を長く出すなど、発声の練習を、緊張せずに心身の弛緩を感じながら、楽しんで声を出すように工夫しています。
　こうして、〈身体発声練習〉で声を出したあとに再び同じ曲を唄ってみると、はっきりと声が出るようになったことがわかります。従って、最初の歌は、1〜3番程度までの歌詞をひと通り唄うだけにとどめておき、発声練習をしたあとで再び唄う時、飽きないように注意しておいたほうがよいでしょう。
　2曲目の『茶摘み』を歌う前後から、季節や、昔の生活の話や、頭の中に浮かぶイメージなどの話題を出して発展させ、それによって対象者の言語化を促していきます。音楽の活動では表情の少ない対象者が、その場面になると、はっきりとした口調で昔のことを話し始める場合もしばしばあります。音楽は、人の生活に密着して存在しているために、長期記憶を刺激しやすく、言語のみを唯一の頼りにしてコミュニケーションの可能性を感じている高齢者にとっては、その記憶を言語で表せる貴重な場面となります。

『茶摘み』はさらに、手拍子や、交互に隣の人の手を打つといった、動きを入れた遊びとしても利用できます。「はい、はい」などのかけ声で、音楽にのりやすくしたり、その部分を楽器で強調することもできます。

③ボール回し
『もしもしカメよ』の曲に合わせて布ボールを回します。拍にのることができれば、「もしもし　かめよ　かめさん　よ__」の下線部分で、隣の人へボールを回すことができるでしょう。この拍子に合わない場合も多いのですが、今、ボールを回したということ、今ボールが回って来たということを意識しやすくするために、ボールの動きに合わせて音をつけます。ボールの大きさなどによって音は変化していきます。大きなゴムボールであればスタンドドラム、反対に小さなビー玉などにはウッドブロックの音がつくでしょう。大きなものを回す時は大きな音でゆっくり、小さなビー玉などを回す時には速くなります。その変化を呼吸の変化として楽しみ、感じることを期待していくのです。

④リズム・ムーブメント（ダンス・メドレー）
　高齢者の日常生活では動きが非常に限られているので、この活動はとても重要なものとなります。同時に、どのように介助するか、セラピストがどのように動きを誘導するかに、さまざまな工夫が必要な活動でもあります。
　曲を流して、対象者に「どのように感じますか？　動きで表現してみてください」と促しても、なかなか動きは出てきません。セラピストの動きに合わせて、手をうつ程度かもしれません。まず、曲を感じるとはどういうことか、セラピストが全身全霊を込めて、音楽を動きで見せることが大切です。
　1曲目の『マイハピネス』で、ゆっくりと動きを誘発していきます。車椅子を左右に動かそうとする対象者もいれば、手拍子で調子をとる人もいます。2曲目の『花のワルツ』では、揺れを体験します。揺れる動きは、気持ちの弛緩がなければなかなかできません。コミュニケーションをとりながら、少しずつ勢いをつけた動きを可能にしていきます。時には、揺れる動きの中で、思わず腕を高く振ったり、立ち上がって手をつないで移動したりすることもあるでし

ょう。3曲目『祭り』では、今度は、手先などの細かな動きを促すようにします。笛の音や太鼓の音で祭りの気分になり、思わず祭りの動きで表現し始める対象者もいるかもしれません。

⑤ リラクセーション

終日眠っていることの多い重度痴呆高齢者の場合、日常の刺激がほとんどありません。従って、リラクセーションは、リズム・ムーブメントの動きのあとでなければ意識できないことがしばしばです。リラクセーションでは、ゆっくりした動作で息を吐いたり吸ったりしたり、さまざまな素材を使って、弛緩を体験していきます。音や音楽のみでは促されにくかったリラクセーションの状態も、素材を使って多感覚に刺激することによって可能となります。

さまざまな素材の中でも、シャボン玉は、とても興味深い素材です。他の活動中にはほとんど動かず、楽器の操作でも手を出さないような対象者が、自然に手をあげてシャボン玉に触ろうとしたり、シャボン玉の動きを追うような視線や動作を繰り返したり、「きれい」という言葉を何度もつぶやいたりといったケースがしばしば見られます。シャボン玉の持つ独特のリズムやテンポが、対象者の動きを誘発するのかもしれません。遠い昔にシャボン玉遊びをした経

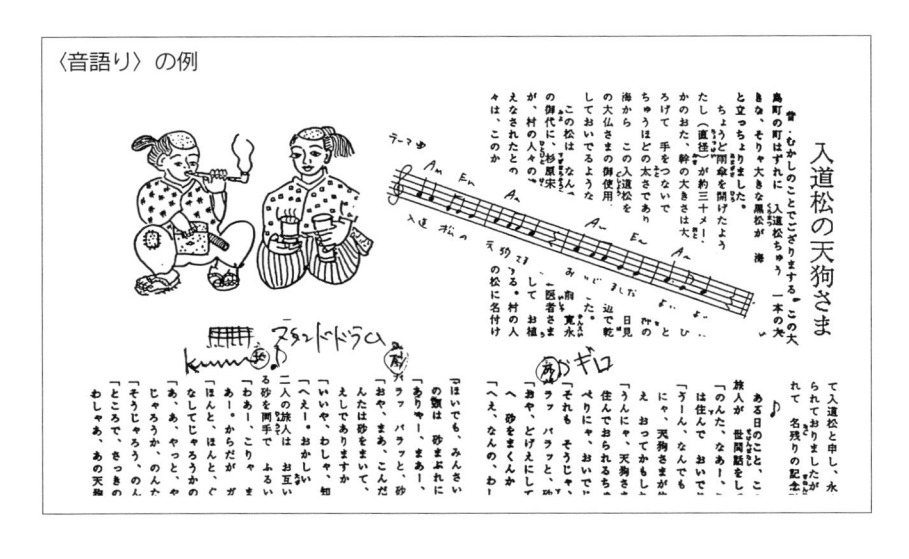

〈音語り〉の例

験を思い起こすこともあるのでしょう。音楽とシャボン玉のゆったりした空間の中で、さまざまなことを感じたり表現したりすることが可能になるようです。

⑥ 音語り『入道松の天狗様』

　音語りは、音の新たな体験と、短期記憶・長期記憶の刺激を目的としています。『入道松の天狗様』では、その地方に伝わる民話を音と共に語ります。場合によっては、登場人物を絵に描いたものを用意して理解しやすいようにしたり、実際に内容を演じたりすることもあります。

　大切なことは、対象者の理解しやすい内容の話を選ぶことと、テーマとなる音楽は、なじみやすい5音音階などで作曲し、その場ですぐに一緒に歌ったり、記憶に残りやすい曲にすることです。このテーマ曲の記憶が、内容を記憶する助けとなったり、繰り返しのパターンが内容の理解へとつながるからです。

　物語の途中で起こる地震の大きな揺れをバス・ドラムの大きな連打音で表すのですが、この音で、眠り込んでいる対象者が目を覚ましたりすることもあります。砂の音はシェーカーを使い、二人の旅人が飛んでいくところはスライドホイッスルで表します。音を手がかりに、対象者が内容をより豊かにイメージすることを期待するのです。繰り返しの中でそれらの音を聴いて、言葉を発することの少ない対象者がみずから「さあ、天狗様がきなさった」と声を出して話し始めることもあります。それほどに、音が内容理解の助けになっているのです。痴呆が重度になればなるほど、より多感覚にアプローチできるように、音語りの場面を作っていきます。

⑦ 楽器指揮

　楽器指揮とは、セラピストあるいは対象者が指揮者となって、全員で楽器を鳴らす活動です。

　まず、対象者全員が、それぞれ

好きな楽器を持ちます。セラピストが前に出て、タンバリンなど、楽器を打つ動作が目で見て伝わりやすい楽器を持ち、自分と一緒に音を出すよう、対象者に促します。それぞれが自由に十分に音を出したあと、一気に「終わり」を作るようにします。終わりで、ぴったりと合わせることができると、全員が「合わせることができた」という充実感を持つと共に、連帯感も生み出すことが多く見られます。実際に音を出していない対象者でも、その場に居ることで、同様の体験をすることができるのです。
　次に、対象者の一人に前に出てもらい、セラピストと同じように楽器の指揮をしてもらいます。その時に対象者が持っている楽器でも可能ですが、操作上、また指揮の動作としては難しいと思われる楽器の場合には、楽器を変えて、意志を伝えやすいスタンドドラムなどを使用することが大切です。皆の前に出ることで、自分が注目されること、緊張をすることといった、ふだんはできない経験をすることになります。対象者自身が、音を合わせている他者を意識しながら、自分の音に合っていることを楽しいと感じ、他者とのコミュニケーションの可能性を感じることを目的とします。
　この場面では、指揮者役の対象者が、緊張してしまって、他の人に関係なく自分の世界にこもって勝手に打ってみたり、終わることができずに打ち続けたり、一つのリズム・パターンを繰り返したり、何をしたら良いのかわからず促されるままに打ったりすることも多くみられます。途中でセラピストが声かけをして、その人が打っている音が皆を指揮しているのだと知らせることもありますし、そのあとで、〈ドラム同質〉の形でセラピストが介入していくこともあります。
　しかし最も大切なのは、終わった瞬間です。セラピストは、指揮をした対象者に対して、「できた」こと、「皆の前に立てた」ことをしっかりと伝えます。この瞬間に、その対象者は、皆の中にいる自分を感じるでしょう。そして指揮を終えた後、手にしているマレットを誰に渡すのかを対象者自身の判断に任せることで、改めて仲間を意識することになります。指揮者という役目を終えた対象者は、その後の参加意識が高まることが多く観察されます。

⑧ 楽器演奏

　楽器演奏では、その前の〈楽器指揮〉の活動で手に持っている楽器をそのまま使って演奏します。『炭坑節』は、曲の調子にのりやすく、頻繁に演奏される曲です。自由に気持ちよく曲にのって演奏することを促し、皆と共に演奏することで、仲間意識を持つことができます。しっかりと一緒に盛り上がって終わることができるよう促すことが大切です。

⑨　ドラムあいさつ

　最後は、ドラムあいさつです。セラピストがハンドドラムを差し出し、「今日はどうでしたか」などと、ドラムを打ちながら対象者に話しかけます。特に印象に残ったことを聞く場合、あるいは、毎回「楽しかった」と感想を言う対象者の場合には、できるだけその人自身の言葉を引き出すようにしています。活動の中で、心身が多感覚に刺激されているあとなので、言葉が出てきやすいのです。この時に、優しくリラックスできる音楽をBGMとして利用すると、その場の雰囲気もリラックスできます。仲間と出会い、表現し合った余韻をより味わうことができるでしょう。

第6章　Co-Musictherapyの事例報告

学んだ多くの感性は、
臨床の場で出会う人々の中に
生きてくるものでなければ何にもならないでしょう。
まず出会い、そして歩いていくのです。

第 6 章　Co-Musictherapy の事例報告

　臨床の現場で出会う人たちとの時間は、私たちセラピストにとっては、学びの時と言えるでしょう。さまざまな知識や経験を積み重ねていっても、日々出会っていく対象者との現場では、常に学びの連続です。従って、実際の臨床の現場は、悩み、迷い、苦しみの連続ということになります。しかしそこには、日々新しいものが生まれる可能性、生み出す可能性があります。学びがあります。それが自分の発達と結びつくという楽しさがあります。
　私たちの出会う人は、さまざまな状況にあります。心・身体の状態が思わしくなく、苦しんでいるかもしれません。不安定で混乱しているかもしれません。また、その人を周囲で支える人は、途方に暮れているかもしれません。希望を見出せないでいるかもしれません。逆に本人や周囲の人はあまりその状況を意識していない場合もあるでしょう。そうした人に出会うところから、すでにこのセラピーは始まっていると考えます。セラピールームのドアを開けるまでにあったであろうさまざまな出来事、電話で予約をするまでにあったであろうさまざまな想いは、出会う以前のこととしてあるのではなく、セラピーにつながる出会いの延長として考えます。そして、出会い始めてからのさまざまな想いもつながっていきます。少し変化が現れたと思ったら元に戻りそうになる不安、これまでの状況が改善していくようには思えない不満、その中でも別の希望を見出そうとする生きる方向性の模索、これでいいのかと時間を横目にした漠然とした焦りなど、どれを考えても、セラピストが避けて体験しなくて済むものはありません。しかし、こうした人との関係を感じながら、セラピストとして共に歩んでいくことが実際の臨床の現場と言えるでしょう。そこでは、頭だけの理論や知識だけでは通用しません。出会う瞬間瞬間に生まれることのみが積

み重なり形となっていくのです。私たちセラピストがそこに何を感じ何を提供できるのか、そこに何のためにセラピストが存在しているのか、ということを深く突きつけられるのが現場なのです。

　こうした現場の事例を表すことはとても難しいことだと感じています。

　この章では、中島が、障害児を対象としたセラピー・コースと障害の有無にかかわらずあらゆる人を対象に音楽を学ぶ音楽コースを併せ持つこども音楽センターを中心にして、そして山下が、宮崎女子短期大学の臨床実習の場としての音楽療法教室を中心に行ったケースの中からいくつかを紹介します。年間200人近い対象者と向かい合う中で、同じケースは一つとしてなく、その中からそれぞれが数ケースを選び出すこと自体が難しいと感じましたが、セラピストとしてのいくつかの感じかた、出会いの瞬間、目的などをケースを通して述べていくことで、さらに新しいセラピーの可能性が生まれることや、読者の中の何かとつながっていくことを期待しています。さまざまな年齢、障害の中で、Co-Musictherapyに、どのような可能性があったのかを、13の事例を通して紹介していきたいと思います。

ケース1	ダウン症候群でお母さんと離れられなかった Sちゃん（4ヵ月〜8歳）
ケース2	音・音楽に出会い発達していった 全盲のN君（1歳8ヵ月〜18歳）
ケース3	虐待を受け心に傷を持つA君（2歳3ヵ月）
ケース4	脳性マヒで緊張するKちゃん（2歳〜6歳）
ケース5	聞こえなくて自信のなかったB君（3歳1ヵ月）
ケース6	お母さんを基地に歩き出した 自閉症のMちゃん（2歳〜7歳）
ケース7	人と繋がりたかったADHDのN君（10歳）
ケース8	人に出会い、学びたい不登校の子どもたち（10歳〜15歳）

ケース9　かつて不登校で生きている意味を見出せなかった
　　　　　Eさん（21歳）
ケース10　いつも不機嫌な自閉症のTさん（24歳）
ケース11　精神障害のあるSさんとその仲間たち（60歳）
ケース12　痴呆症で悲観的に生きていたUさん（75歳）
ケース13　アルツハイマー病で人との関わりを拒否していた
　　　　　Lさん（93歳）

ケース1　ダウン症候群でお母さんと離れられなかった
　　　　　Sちゃん（4ヵ月〜8歳）

> 触覚遊びから始まった外界とのやりとり
> ドラム同質と「私」の保障

出会い

　生後4ヵ月のSちゃんの首はもう少しで座る状態だった。障害名は、ダウン症候群。お母さんは、「どうしてあげたらいいのかわからない。少しでも可能性があれば」とセラピストに話す。触覚を中心に、聴覚、視覚に対する刺激を与え、本人の心身リズム・テンポの確立をまず目的にして、個人セラピーを開始する。

経過

　個別セラピーにおいて感覚刺激を半年行った後、ダウン症候群の4ヵ月〜12ヵ月の子どもたち4人で、社会性の発達を促すことを中心的な目標としてグループ・セラピーを開始した。開始当初は、一人の子が泣けば他の子も泣いて大合唱という不安の多いグループであった。Sちゃんはお母さんからまったく離れることができない。セラピストはこの子どもたちの遊びを探した。ボックスメタルフォン、ボックスシロフォン、ドラム、シンバルは、その振動で子どもたちの心をつかんだ。これらの楽器を前におくと、子どもたちはその振動を確かめるように手を出し、楽器にみずから近づいていくようになった。1回のセッションの中での泣き声は次第に少なく、治まっていった。

　半年ほど経過し、Sちゃん以外は音や素材と自由に関わることができるようになり、高這いで広範囲に遊びのエリアを広げていった。他の子どもたちは手遊びの模倣が増え、音の中に身をまかせて楽しめるようになっていった。一方、Sちゃんはお母さんの背中で泣き寝入りをするセッションが続いていた。そんななか、唯一背中から離れてできる活動が〈ドラム同質〉であった。自分の番に

なるとさっさとお母さんの背中から降り、片足をお母さんに残しながら、バチを持ち、それでも短く強い音を出し、再びお母さんの背中に戻っていく。

　そうして3歳を過ぎたSちゃんは、ドラムを連打して、セラピストと一緒に最後の音を決めることができるようになった。最後の音が決まると満足そうな顔をして再びお母さんの元へ戻っていくのだが、背中ではなく、お母さんの横に自分の足で立っているのである。〈リズム・ムーブメント〉の場面では、これまでずっと抱かれたままだったSちゃんが抱かれることも少なくなり、時々、思いきり走る姿も見られるようになってきた。なかでもドラムやギロ、スライドホイッスル音などを動いて表現する〈音と動き〉の活動は、Sちゃんにとってわかりやすかったようで、自信を持って行うことができた。

　ドラムの経験からか、楽器を使った活動で自分を表現することを得意とするようになり、Sちゃんらしい表現がセラピーの中で広がっていった。不明瞭だった発音は、Sちゃん自身の動きが活発になるにつれてはっきりしてきた。

　5歳の時にはドラムの〈カードリズム打ち〉で、〈サンドイッチ ♫ ♩ ♩〉のリズムも可能になった。袋の中に入っているものを触って取り出す遊びなどにはまだ不安を感じることもあるが、以前のように泣くことはなく、「しない」と言葉での拒否をしていた。ドラム同質では、得意になってセラピストを先導するようなたたきかたをし、自分が満足するように、また、満足するまでたたく姿があった。〈ドラム＋シンバル活動〉では、速いテンポでドラム、ボンゴとウッドブロックなどを自由に使いこなし、自分のしっかりとした判断でシンバルを一打たいて終わるSちゃんは、得意気で一生懸命であった。次第に新しい遊びに取り組む姿勢も見えてきた。しかし、身体全体を使ってリラックスし仲間と関わる活動はあまり好まず、他の人に伝わらない自分の想いや不安な気持ちなどはお母さんにぶつけてしまうことが多かった。

　小学校入学と同時に音楽グループでアンサンブルを始めたSちゃんは、仲間と一緒に音に合わせて自由に身体を動かしながら音楽を表現し楽しんでいる。8歳になったSちゃんはグループのリーダー的存在であり、年齢からみて揺れることもあるであろう人との関係も安定し、音楽を何よりの楽しみとしているようである。

考察

「自分」をはっきり表現したかったSちゃんは、まずその自分を知るために周囲に自分の姿を人一倍ぶつけていたように思われる。お母さんは、その間は長く辛い時期だったと話す。しかし、自分で外界とつながる可能性を楽器などを通して感じた時、Sちゃんは発達へと歩き始めた。「そのままの自分でいいのだ」と〈ドラム同質〉活動で確信していく過程は、それからのSちゃんにとって自分で歩き続けるための大切な過程であったように思われる。セラピーの中で、他者を敏感に感じながら自分を表現し認めてもらうことを繰り返し、子どもたちは歩き出していくようだ。このセラピーの過程を共に経験してきたお母さんは語ってくれた。「歩くことができた時の喜び、喋り始めた時の喜びは大きかったです。大変なことは多かったし、今も多いけれど、『お母さん大好き』とお風呂の中で抱きついてきたり、私が泣いている時にわざとニコニコした顔を作って自分に向けてくれます。私の気持ちや、人（他者）を感じることのできる姿を見て、成長したなあと感じます。自分も前を向いて歩こうという気持ちになります」。

これから

こんなにのびのびと表現していると思ったSちゃんも、今、自分の想いが伝わらないと思う相手には、時々爪で引っ掻く行動に出ることがある。言葉をしっかりと使えるにもかかわらず、相手に対して不安・緊張を持ってしまうのである。周囲に敏感で、その中の自分を人一倍意識するSちゃんにとって、周囲の相手によっては、「自分」をどこでも表現できるというわけにはいかないのだ。音楽は、そういうSちゃんの生活を支えるものになっていると思える。発達の過程で、いろいろな問題が次々に生まれてくるだろう。Sちゃんはそのたびに自分を表現する、新たなチャンスを得ることになるだろう。「そのままの自分でいい」という表現から、表現したことが相手に伝わる自信、相手に受け入れられる経験など、Sちゃんにとって音楽をすることは、社会の中で生きていくためのエネルギーを得ることになるだろう。

（中島恵子）

ケース2　音・音楽に出会い発達していった
　　　　全盲のN君（1歳8ヵ月～18歳）

> 触覚刺激は遊びとなり、移動意欲となる
> 音を組み合わせた認知課題によって認知機能が上がる
> ピアノによって生き生きと自己表現
> アンサンブルを楽しむN君に社会性の発達をみる

出会い

　1歳8ヵ月の時に来所したN君は、全盲で知的障害のある重複障害児。座位は取れるものの、移動する意欲やその手段もなく、指をなめる遊びを繰り返していた。四つ這い位を取っていたが、移動することはできなかった。セラピストがシンバルをN君に近づけると動きを止め傾聴する姿があった。N君の手をシンバルの上に乗せるとじっと感じている様子であった。視覚を補うために、聴覚を中心に多感覚にアプローチの可能性を探し、遊びの獲得を促し、運動の発達も同時に期待していくことを目的にセラピーを開始した。

経過

　［音と出会う］触覚刺激としてシンバル、ボックスメタルフォン、クラベスなどを使うことによって、これまで口の中にあったN君の手は、楽器を触り始めた。楽器を口に持っていくかと思われたが、それはあまりなく、むしろ、楽器の音を聴いている様子だった。セラピストが少し離れた所にシンバルを移動させると、N君はシンバルを目指して、四つ這いで移動し始めた。目的的動きの始まりであった。2歳4ヵ月頃から、四つ這いで自由に動き回るようになった。この頃、バーの付いたトランポリンにつかまり立ちをしている状態で、セラピストがいつも歌っていた「ジャーンプ・ジャンプ・ジャンプ～」のメロディーに合わせて、自分の膝を動かし始めた。これまでセラピストが動かしていたトランポリンをN君が自分で動かし始めたのだ。N君はスタンドドラムを

「触りたい」と、立位を取り、歩行し、ドラムやシンバルを目指して、触ろうと手を伸ばしながら歩き始めた。セッション開始後7ヵ月が経っていた。

　［音と遊ぶ］認知学習も少しずつ進んだ。触覚と音を手がかりに学んでいくように思われた。例えば、〈紐通し〉の遊びでは、紐を引く時に「ピュー」という音声を付けることで「引く」ことを理解していった。積み木を重ねていく身体のリズムに合わせて「いち、にい」と掛け声をセラピストがかけることで重ねていくことができるようになった。できあがった積み木の塔を上から下に手でなぞりながら、セラピストが高い声から低い声を出し、声でその形を感じるようになっていった。

　このような個別アプローチを重ねていくことにより、他者への意識も生まれ、4歳よりグループ・セッションが可能となった。グループの中では、音や音楽でそのプログラムを理解していった。一つ一つを遊びとしていくためには同じことを繰り返すしかなかった。グループの中に自分がいて、友だちがいることを、N君は、音や触覚を手がかりに気づいていったようである。

　さまざまな活動の中でも、〈音づけ絵本〉の場面の参加は難しいと思われた。語りの意味がわからず絵も見ることのできないN君にとって、見えない絵本の前に座ることの意味が見出せなかった。絵本の存在そのものを知らなかったのである。そのN君が、絵本『ねずみくんのチョッキ』の音語りで、チョッキが伸びていく様子を表したスライドホイッスルの音に、けらけらと笑い始め、セラピストに誘導されるまま、他児の座っている絵本の前に座ったのである。うつむくような格好で下を向いて、じっと新しいページの音を聴いているN君の表情はとても集中しているように見えた。N君は、セラピー最後の曲『ゴムの輪のびろ』に合わせて友達と手をつなぎ、踊ることもできるようになったのである。

　［音楽と出会う］小学校1年になる3月に、突然『ひなまつり』のメロディーの一部をピアノで短く弾き始めた。リズムの曖昧なメロディーは何の曲かわからない状態であったが、それでも鍵盤に出会ったN君は、一日中ピアノを弾くようになり、日増しにうまくなった。メロディーからハーモニーへ、N君は音楽の興味のアンテナを立てていった。サティの『ジムノペディ』、フォーレの

『亡き王女のためのパヴァーヌ』などに出会い、ハーモニーの魅力を感じていったようである。興味の広がりに伴って、曲の構成やパターンなどを感じ、理解するようになっていった。学習していったのである。しかし、曲を最後まで弾くということ、右手と左手を使うということ、繰り返し練習することの意味などをN君が理解するには、かなりの月日と繰り返しが必要であった。

［音楽を楽しむ］中学生になったN君は、自分の演奏している音に他の音が加わることを受け入れることができなかった。これまでソロでピアノを演奏することしかできなかったN君のその頃のお気に入りの曲は、キロロの『未来へ』であった。あるセッションで、N君がピアノ演奏をしている時、曲の後半でセラピストが前触れなくドラムで加わってみた。するとN君はドラムの音を受け入れたのである。セラピストは、N君はおそらくピアノを中断して耳を押さえるだろうと予想していたが、N君の身体はドラムの8ビートに合わせて自然に動き始めた。これまでのような拒絶ではなく、一緒にいることが心地よいという身体の動きである。N君が音楽で他者を受け入れた瞬間であった。これ以降N君は、一緒に演奏を行ういろいろな楽器を受け入れられるようになっていった。

現在、18歳のN君は、ショパン、モーツァルト、あるいはエンヤなど幅広い演奏曲目を持ち、アンサンブルの幅も広がっている。ある時、小学校のふれあい教室で演奏したN君は、小学生に握手を求められ、照れながらも小学生と手を握りあっていた。N君は、そこに自分がいること、そして人がいることを、ピアノで何かを伝えた手ごたえを感じていたと思われる。「大きく、もっと小さく、速く、もう一度」とセラピストが繰り返していたある日、突然N君が片手をレッスン・ルームの窓枠にかけて、オーオーと泣き出した。音楽に正面を向いて進み始めた時であったように思う。

考察

音と出会うことでN君は、外界とつながり、音や音楽と遊びを通してどんどん自分の可能性を広げていった。遊びの世界に音があり音楽があり、触れるものがあり、出会える人がいることに気づいていく過程は、N君の発達の過程で

あったようだ。見ることのできないN君にとって、音の世界は広く深い世界であるだろう。N君のピアノの音はその世界を示しているように思われる。その世界で音と出会い、音楽と出会い、人と出会っていくことができたことは、人の可能性と言うことができるだろう。そして、音を心の目で見るN君の姿に、音楽の真の姿を見る思いがするのである。

これから

　音楽を深く体験していく過程で起こる試練は、これからもおそらくN君の前にも立ちはだかるであろうが、N君にとっての音楽の魅力がそれを越えさせてくれると思う。音楽が、言葉のないN君のより深い表現となること、楽しみとなること、生活そのものとなるために、音楽の体験をより深めていきたいと考えている。

(中島恵子)

ケース3　虐待を受け心に傷を持つA君（2歳3ヵ月）

> 音による共感から他者に気づく
> 音や遊びに映された内面性
> 保障された空間によって形成された基本的な信頼関係

出会い

2歳3ヵ月のA君は、母親の虐待により、養護施設に措置されてきた。表情は硬く、大人に対する恐れが感じられた。「誰を信じてよいかわからない」と言っているようにも感じられた。自分から言葉を発することはないが、簡単な質問にはうなずいて答えていた。A君の心のケアのため、月2回、個人セッションを行った。セッションでは、担当の保育士と音楽療法士の2人が関わりを持った。

経過

［セッション1～5］　A君は保育士やセラピストに抱かれようとせず動き回り、上目使いの拒否的な目でセラピストを見る。不安が感じられたので、二人で布に包みこみ歌いかけて揺らすと気持ち良さそうにする。〈ドラム同質〉を行うため太鼓を提示すると、1本のマレットを持って、手を大きく振り上げてはいるもののたたくことができない。ドラムの回りをグルグル回ったり、畳を引っ掻いたりしている。その間セラピストはA君の動作を真似る。2分ほど過ぎた時、セラピストと対面して、剣道のような構えをしてドラムを一打強打し、ニヤリとセラピストを見た。この時セラピストは、A君の持つ、人に対する不信感や不安感を感じた。セッション5回目で、A君の身体の動きに合わせてボンゴを鳴らすとひっくり返って笑う。セラピストが同じ動作をすることや音による接近によって信頼感が形成されていった。

［セッション6～10］　ごっこ遊びを行うために、ミルク飲み人形を用意すると、人形を横抱きにし撫でた後、マレットを哺乳瓶に見立てて人形に飲ませる。A

君の気持ちを満たすことを意図し、本物の哺乳瓶（ミルクは入っていない）を用意して人形に飲ませ、「A君も飲む？」とセラピストが聞くとうなずく。抱かれて哺乳瓶を吸い、1〜2分すると満足そうな表情で哺乳瓶を渡す。〈ドラム同質〉では「セーノ」や「いっぱい」の言葉に合わせてたたいたり、セラピストとの交互たたきや強弱をコントロールしてたたくことができるようになる。セラピストとのノンバーバル（非言語）コミュニケーションがスムーズになり、信頼感が深まっていった。

　［セッション9〜14］手遊び歌を保育士と楽しそうに唄う。〈音と動き〉では、「ドン」や「ギジギジ」など、音の種類、動きの種類が増える。セラピストと音声で「ア〜↗」「ア〜↘」のようにやりとり遊びをする。〈ドラム同質〉では、大きな音で自信を持ってたたき、時々ニヤリとしながらセラピストを試すような表情をして小さい音を出したりする。お人形を可愛がる遊びは繰り返される。

考察

　この事例を通して、虐待という身体的・心理的な外傷後のケアにおけるCo-Musictherapyの心理的ケアの可能性を見つけられたと思う。ラポール形成期には、対人的な交流手段として動作と音が使われ、信頼関係の形成が行われていった。特に〈ドラム同質〉活動においては、ドラムを通してA君の人に対する不信感、不安感から攻撃性へとつながる内面のプロセスが投影されていった。ドラムに映し出される内面への直接的介入であると言える。

　さらに、Co-Musictherapyの基本理念である「他領域と結びつける」という観点では、哺乳瓶を使った人形遊びによってこれまで経験できなかった愛情欲求を満たすという体験を退行によって再体験し、アタッチメント形成が行なわれていったと言える。

これから

　14回のセッションで、A君は、私たちと「出会い直し」を行ったと言える。本来、赤ちゃんの時期に体験するであろう「ここは大丈夫」という気持ちを体

験したのではないか。A君の辛かった気持ちを受けとめ、「人は大丈夫だよ、安心できるよ」と一貫して伝え続けた。心の傷は深いものと思うが、A君の身体に心地よさが少しでも残っていてくれればと願っている。「A君、大きくなってまた音楽を一緒にしたいね。A君を応援している人がここにいるんだよ」。そう伝え続けたい。

(山下恵子)

ケース4　脳性マヒで緊張するKちゃん（2歳～6歳）

> 音楽の空間で思わず踏み出した一歩
> 「自分でいい」から遊びが始まる
> 「できる」ことで、積極的に楽しめるようになっていく

出会い

3歳で来所した脳性マヒの障害のあるKちゃんは、息ができなくなるほど激しく泣く子どもだった。新しい場所、新しい先生、新しい課題が自分の前に来るとその泣きは頂点を極めた。不安で抵抗することができない何らかの恐れ、といった気持ちがその泣きの意味ではないかと思われた。

経過

Kちゃんはとにかく泣き続けた。そこでセラピストは、Kちゃんと向かいあって座ることをやめ、横向きで『アイアイ』の曲をボックスシロフォンで演奏し始めた。決して目は合わせなかった。すると少しずつ泣きは治まっていった。しかし曲が終わるとまた泣く。不安でいっぱいの様子である。演奏をやめたセラピストが今度は何をするのかがわからないからであろう。そこで、歌を止めずに何度も繰り返すようにした。次第にKちゃんは泣きやみ、セラピストが用意していたツリーチャイムを母親がKちゃんに近づけると触ろうとして少しずつ手を動かし始めた。それでも、セラピストは横向きで決して目を合わせず、今度はボックスメタルフォンで『きらきら星』を弾き続けた。Kちゃんはさらにツリーチャイムを触り始めた。セラピストは歌を唄いながらボックスメタルフォンの向きを子どものほうへと移動させていった。その瞬間に、Kちゃんはセラピストと目を合わせた。Kちゃんのツリーチャイムの音とセラピストのメタルフォンの音が「きらきら星」となり響き合った。Kちゃんは、泣かなくなっている。

少しずつセラピストと遊びを楽しめるようになっていった。Kちゃんが自分

で「できる」と感じる遊び（〈紐通し〉〈型はめ〉など）の経験を積み重ねた。泣きがほとんどなくなると共に、小さな声だが、セッション中に喋るようになった。

　Kちゃんが「自分」を人の前で初めて意識したのは、おそらく、自分の身体の動きを使った楽器指揮の活動だった。どうしてよいのかわからず人の前に出ていたKちゃんが、不安になって、後ろで介助していたお母さんに顔を向けようとした時に、セラピストがラチェットの音をその動きに付けたのである。一瞬ビクッとした様子だが泣きはない。そして、また動いたところに音が付いたことがわかると、Kちゃんの表情は柔らかくなった。そして今度はセラピストを試すように、ラチェットを鳴らせというように首を動かしたのだ。音が自分の動きに付くと、Kちゃんは身体を揺すっておなかから笑った。もちろん、こんなに大きな笑い声は初めてであった。

　グループ・セッションの積み重ねで、苦手とする「動くこと」で変化が出てきたのは、この頃であった。〈リズム・ムーブメント〉の際、これまで終始、介助を必要としていたKちゃんが、みずから足を動かそうとしているのだ。大きな声も出てきた。Kちゃんは、友達が面白いことをしたり、失敗したりしたことすべてが楽しい様子である。音で身体を使って、自由に表現することを楽しんでいる。今日も「アッカンベー」と目の下に人差し指を持っていき、セラピストに笑いかけていた。

考察
　音や音楽が空間を埋めている間、Kちゃんは緊張を解いていくのだった。音を感じ、強張っていた身体は動き始め、自分で音を出し始めた。Kちゃんは自分で動きたかったのである。思いのままに遊びたかったのである。音の空間で思わずその想いの一歩を踏み出したKちゃんは、セラピストと一緒に音楽を体験することで、セラピストを受け入れることができた。肢体が不自由なために、受け身の遊びが中心だった。Kちゃんは、自分が人を動かせることを、動きと音の遊びで経験したことをきっかけに、人との関係に対する不安のベールを少しずつはいでいくようだった。そして「できる」と感じた時から、自分で動き

出したのだ。自分が環境を動かせると感じた瞬間に、Kちゃんは歩み出したように思われる。その一つ一つの体験の積み重ねが、日常の会話やコミュニケーションの体験となり、セラピストとの心の交流を楽しめることにつながったと考えられる。

これから

セッション中に緊張せず、自分を表現することができるようになったKちゃんは、ようやく遊びの中で学べるスタートラインについたようである。今後は「自分」を表現できる遊びを増やし、身体を使った遊びを増やすことで、自分の心身リズム・テンポを確立し、そのヴァリエーションを増していくことが発達につながっていくと思われる。それはKちゃんの積極的な学びの場を増やし、言葉の明瞭さにもつながってくるだろう。「自分でいい」と、ニコニコと大声で叫び続けて小学校へスタートしてほしいと願っている。　　　　　（中島恵子）

ケース5　聞こえなくて自信のなかったB君（3歳1ヵ月）

> 音を見ることによって音の世界に気づいたB君
> 相手と向かい合う中で自分の身体リズムに気づく

出会い

　3歳1ヵ月のB君は、聴覚障害児である。95dbの高度難聴の子どもであった。B君のコミュニケーション手段は、手話と身振りであった。なんとなく不安な様子であり、自信のなさが感じられた。自信の回復と自己表現の可能性を広げるために月2回の個人セッションを行った。

結果および考察

　初回セッションでは、B君と大きなギャザリング・ドラムで向かい合った。おそるおそるドラムに手を乗せたB君は、その振動に驚いた表情をした。セラピストが振動を送ると、B君はその大きなドラムを抱きかかえるように、振動に身をまかせていた。セラピストがますます大きな音で連打を始めると、B君は自分の耳に手をあて、「聴こえる」という動作をし始めた。B君が聴覚検査の音以外の音があると知った瞬間であった。その目は輝き、不思議とも思える表情であった。

　さらにドラムに身をゆだねるB君は、今度はくるくる回るという意味の手話をし始め、ゲラゲラと笑い始めた。母親が「どうしたの？」と手話で尋ねると、「身体がくるくる回って、転げ落ちそう」と答えた。音が回る、音が動くということを、身体で感じたのだと思う。音が聴こえないことで消極的になりがちだったB君が、音があることに気づいた時、音は見えるものとして彼の世界を広げることになった。

　セッション5回目で、〈音絵〉を一緒に描いた。「ドン」「ギジギジ」「チーン」と楽器を演奏するセラピストの動きと、伝わってくる振動、そして副セラピストと共に音を描くことで、動きと振動の違いを見事に表現していった。セラピ

ストと一緒にできた絵を囲み、手話で話しながら、遊びの世界が広がっていった。B君は〈音絵〉によって、さらに多感覚に音を見て、感じたのではないかと思う。音が見える、すなわち音が聴こえるという体験は、彼の知らなかった世界の扉をノックすることになり、セラピストと向かい合えるようになっていった。消極的だったB君は、今では友達に自分からちょっかいを出すほどのやんちゃぶりを発揮している。

セッション10回目では、一定のリズムに合わせて楽器演奏を行うようになっている。これまでは秩序を成さなかったリズムは、絵カードによる〈カードリズム打ち〉や歌の歌詞に合わせて太鼓をたたくという活動を通して、歌詞がなくてもテンポ通りにたたくことができるようになってきている。

これから

聴こえないことで消極的になりがちであった対象者が、楽器を通して音を見、音の世界に気づくことができた事例である。B君は多感覚なアプローチによって音を見たり感じたりすることで音が聴こえ始め、他者と向かい合えるようになっていった。それに加え、リズムを中心としたアプローチによって、身体にあるテンポやリズムに気づくことができた。自分に気づき、他者に気づくということは社会性の第一歩であり、みずからの力でその一歩を歩み出したのである。

（山下恵子）

ケース6　お母さんを基地に歩き出した
　　　　自閉症のMちゃん（2歳〜7歳）

> 遊びを広げていくために基地となった母親
> 手遊びからリズム・ムーブメントへと変化していった表現
> 参加を容易にしたプログラムのパターン

出会い

　Mちゃんは自閉症で2歳。色や形に固執し、パニック発作を繰り返していた。行動はまとまらず、単発に自分の行きたいところに行き、やりたいことをやる。外からの介入や誘導は一切受け入れることができない状態だった。まず、Mちゃんが他者と出会う場面を遊びの中に求めるためのアプローチを、個別とグループ・セラピーで行った。

経過

　個別セラピーで、遊びの中にルールがあることを感じ始めたMちゃんは、セラピストが提示する遊びや遊びかたを受け入れることができない場面で、お母さんに対して不満をぶつけることができるようになった。お母さんが自分を守ってくれる基地となったのだ。その頃、グループ・セラピーでも変化が見られた。〈手遊び〉の場面では常にお母さんの膝の上にいて、まったく興味を示さなかったMちゃんが、お母さんの指を持ち、ある部分を繰り返しやれと、指を動かし要求しているのだ。自分ではやろうとしなかったが、お母さんの手を使って遊びに参加し始めたのだった。次第に自分でできるようになり、曲の中のある決まった箇所、つまりパターンでのくすぐりの場面も楽しむようになってきた。

　半年経過すると、セラピーの始まりは毎回不安定だったMちゃんの状態が次第に安定してきた。プログラムの流れが少しずつ理解できてきたのだ。お母さんと一緒であれば参加できる場面が広がってきた。特に嬉しそうな顔をするの

は決まったパターンの動きの場面で、ドラムの音に合わせて跳ぶ音と動きの活動場面、お母さんにグルグルと抱いて回転してもらえるダンスなどは積極的に自分でやろうとした。お母さんと、時にはセラピストと向かい合い、笑顔で左右に身体を揺らすダンスや、跳ぶダンスなど、何度も繰り返したダンスはどれも楽しめるようになった。

　5歳になるとお母さんのそばで、すべてのヴァリエーションを含む〈リズム・ムーブメント〉を楽しむようになった。同時にリラクセーションの場面で、身体の力を抜くことができるようになっていった。セッション最後の楽器演奏では、演奏する人の持つバチを自分が勝手に選び、その人に渡しに行くまでに関わることができるようになった。自分のパターンを作りながら、それでも他者に関わっていっている。

　ある時、順番で渡したバチを相手が受けとらなかった。Mちゃんは怒ってバチを投げたため、お母さんに叱られた。お母さん以外の人に関わり始めたことで起きた出来事だった。久しぶりにMちゃんはお母さんの背中に不安げに戻ってしまい、そのまま調子がくずれるかと思われた。しかしその後の『ゴムの輪』のダンスでは、ひょいとお母さんの背中から降りて他児と手をつなぎ、ステップも軽やかにニコニコ顔で踊ったのである。お母さんを基地として、音を感じながら動く体験の場を広げていったMちゃんは、今、遊びの真最中である。

考察

　固執が強く遊びの限られていたMちゃんが、さまざまな遊びをセラピーの中で経験し、自分に関わってくる他者の存在に気づいていった時、逆に、無条件に自分を受け入れてくれるお母さんが必要となっていった。お母さんを基地とすることができ、お母さんと関係をとることを練習しながら、Mちゃんは発達していったように思われる。得意のパターン化を武器に繰り返しを積み重ね、理解や適応範囲を広げていった。グループ・セラピーの一定の流れの必要性を感じたケースでもある。

　Mちゃんは、セラピーの一定の流れの中で、少しずつ安心して表現できる場面を増やしていった。〈手遊び〉をじっと見ることから、お母さんの手を使う

こと、そして自分の手を動かし表現すること、自分で歩くこと、走ること、跳ぶことなど、Mちゃん自身のアンテナを高く、そして種類を増やしていったのである。

　視覚情報に捉われることの多かったMちゃんが、音楽の空間の中で表現できること、音楽にのるという心地よさを得、そこが、他者に出会うことができる空間となっていった。

これから
　音楽の世界は、ますますMちゃんの表現の幅を広げ、Mちゃんの持つ遊びのパターンを増やす可能性があるように思われる。「のれる」音楽の空間で、こだわりが少なくてすむ精一杯の表現を見ていきたい。　　　　　　　　（中島恵子）

ケース7　人と繋がりたかったADHDのＮ君（10歳）

> 音で広がっていったコミュニケーションの可能性
> 必要だったノンバーバル・コミュニケーションでの繋がり

出会い

　Ｎ君は、学校で教室に留まることができず、トラブルが多発し、指導が困難とされていた落ち着きのない子どもだった。初めて出会った時も、部屋の中の面白そうなものを捜しては手にして動き回り、セラピストの顔を見ようとしなかった。呼ぶと振り向き、わかってはいるけれど自分には関係ないといった様子で勝手に遊んでいた。

　ドラムセットをたたくよう促すと、セラピストの渡すスティックを受けとりドラムの椅子に座った。セラピストのほうをじっと見て、たたきかたの指示を待っていたような様子が不思議に感じられた。ドラムをたたくＮ君の姿は予想に反して一生懸命であった。次第に表情が動き始めていった。Ｎ君と繋がり、自分の想いを人に伝えようとする行動を期待してセラピーを開始した。

経過

　何に対しても長続きすることのないＮ君に出会うことになった最初の活動は、何も言わないで、セラピストと交代で紙の上に絵を書いていく活動であった。一筆書きのルールから始まり、そこから生まれるストーリーを二人で作っていくようになっていった。これはひと通りこなさなければならない音楽活動のあとの、ほんの少しの時間の活動だった。ストーリーは、たいてい悪者が登場してくる。その仲間も多く登場し、最後は悪者をやっつける。「封印」「自滅」「死ぬ」、といった言葉が頻繁に出てくる。セラピストから、幸せな優しい登場人物を出してみるが、すぐに力で負けてしまうストーリーとなってしまう。

　ある日、セラピストがこのストーリーにシンセサイザーで音を付けてみることを提案した。音の面白さからか、Ｎ君はすぐに乗ってきた。効果音をすぐに

使いこなし、かなり集中してストーリーを完成させていった。セラピストとの会話も多くなった。こうしてシンセサイザーに親しむようになり、『ミッキーマウス・マーチ』が弾けるようになった。得意な曲は何度でも自分で繰り返していた。そんなある日、「誰が近づいて来たでしょう？」とN君がシンセサイザーの「足音」音でミッキーのリズムを弾いた。セラピストの「ミッキーの曲」という答えに嬉しそうに笑うN君がいた。その後、このパターンのなぞなぞごっこも活動の中に取り入れられることになった。

　小学校では、教室から飛び出たりという不適応行動がまだ見られていた頃、セラピーはグループへと進んでいた。音楽するということに意欲を示し始めていた時期だった。N君は、うまく演奏したい、できると感じ始めていたのだ。

　しかし、グループ初回は大荒れだった。無理やりやらせようとしたグループ担当の若いセラピストに対して、部屋から出ようと激しく拒否的行動を取った。その場面で、セラピスト（筆者）はN君を部屋の中にいさせることを決断し、抱きかかえて実行した。これまでの経験から、音楽を通せば、N君は人に出会える状態にあると直感したからだ。N君は、セラピストの前で落ち着いた。部屋から出ようとしなかった。仲間の音楽する姿を見ていた。他の子どもたちは、「先生、あんまり無理にさせないほうがいいよ」と言っていた。

　それをきっかけに、以後、グループでのN君は仲間と一緒にしっかりと音楽を楽しんでいる。時に、うまくできないと悔し涙を見せるほどになってきた。

考察

　ADHDと言われる子どもたちと「繋がる」ことは難しい。そんな中でN君は、音や音楽で表現することを通して人と繋がっていったと言える。このケースでは、音や音楽が遊びの中で有効に利用されることが不可欠であった。N君がセラピストと共にいて楽しいと感じた瞬間は、一緒に音を感じられた瞬間であった。その時のセラピストとN君の間には、描く・触るといった、目に見えるものは何もなかった。直接に人と出会えた瞬間となったのだ。音の世界でN君はイメージを自由に広げていくことができるようになった。

　セラピストと出会えたN君は、セラピストの想いにも出会えたのではないだ

ろうか。「できる」と信じているセラピストの気持ちをN君は感じたのかもしれない。人の気持ちに出会える可能性を感じとったのではないだろうか。N君と小さい頃同じような状態だった、現在は中学生になったある子どもの言葉を思い出す。「これまで他の先生は放っておいてくれたのになんで先生は放っとかないの？」

これから

　このケースは、人に出会う経験から自分を豊かに成長させていくことのできる子どもであるように思われる。しかし、出会いに至るまでは決してスムーズではない。出会いまでの行動を支えるのは、セラピストの側の「期待」かもしれない。可能性を求めていく姿勢とも言える。N君が、共に音を合わせる仲間に出会い、自分を支える存在を感じ続けることが、もうしばらく必要であろうと考える。

（中島恵子）

ケース8　人に出会い、学びたい不登校の子どもたち（10歳～15歳）

> 触覚に始まった音の体験
> 感じること、揺れることを恐れる子どもたち
> 「できる」自信で学び始める子どもたち
> アンサンブルで出会った仲間たち

出会い

不登校学級には9人の小中学生が登校している。セラピストが教室の中に入った時、4、5人の子どもたちは机にもたれかかった状態でセラピストを見ようともしなかった。音楽の先生が来たと思っているのか、歌手の話題で友達に話しかけている子どももいた。

まず、「音楽好きですか？」と話しかけてみた。緘黙の子ども以外は、「普通」「どうでもいい」「まあまあ」「別に一」がほとんどの答えである。問われたことに対して考えて答えようとしていないのはすぐにわかる。「あゆ（浜崎あゆみ）好き？」と具体的に聞いてみると笑って「ウン」と答えた女の子も、はじめは「別に一」と机にもたれていたのである。

経過

セラピストは、その前日、4ヵ月の赤ちゃんと音楽で関わったことを子どもたちに話した。「あなたたちは4ヵ月の頃、何してた？」と尋ねると、一同が笑った。意外に反応があるのに驚いた。そして、4ヵ月の子どもにやったようなハンドドラムの触覚アプローチを行った。すぐに触れる子どももいれば、緊張して触れる子どももいる。触れることを拒否する子どももいる。振動を止めるようにドラムの上に手を置いたり離したりを繰り返す子どももいた。触れるという行為一つを見ても、子どもたちの姿が見える気がした。音に触れた後、子どもたちの気持ちは動き出したようであった。

ノンバーバルの〈楽器コミュニケーション〉活動へと移る。珍しい、楽しい

楽器を選ぶ子どもたちが多い。不安はありながらも、パーカッション楽器という比較的操作の簡単な楽器を使うことで、子どもたちは、自分を主張することや、自分を認めてもらうことを可能にしていった。前もって、「言葉を使わない」とセラピストが言ってもそういうわけにはいかず、不安な気持ちもあってか、「おまえやー」「おれかー」と賑やかな会話が飛びかった。誰も楽器を手から離そうとはせず、教室の中は、入室時のようなうつ伏せの状態の子どもは一人もおらず、和やかな雰囲気へと変わっていた。ただ、14歳の男の子が一人、活動の途中で部屋から出ていってしまった。

　次に、簡単なリズム打ちアンサンブルを行うことにした。比較的簡単なリズム打ちで、子どもたちは予想外に一生懸命に練習を始めた。確実に「できる」ということがそうさせたのであろう。二人組で『デュエット』のリズム・アンサンブルを行うことを指示した。この曲は、掛け合いや同調がある曲である。二人組で練習した後、発表の場を設けることにした。子どもたちは、緊張した様子だがとても張り切って一生懸命だった。その中で緘黙の子どもは、右手はパー、左手はグーで緊張しながらそれでも見事に演奏した。それぞれのグループの演奏の後には、自然に温かい拍手が沸き起こった。〈楽器コミュニケーション〉活動の時に部屋から出ていった子どもは、これから発表という時に、部屋に戻ってきて、机ではなく部屋の隅の床に座ってその発表を見ていた。

　そして〈音絵〉の活動へ移った。「音を聴いて何でもいいの、描いてみて」と言ってセラピストが音を出し、CDで音楽を流す。それを聴いて、すぐに描ける子どももいれば、まず色鉛筆を選ぶのに時間のかかる子どももいる。決して色を重ねない子どももいる。しかし、音や音楽を操作していくことによって、次第に子どもたちは自由に描くようになっていった。自然な線や点、色が次々に生まれ、重なり合っていった。しかし先ほど教室に戻ってきた子どもの紙は、白紙のままであった。

　最後に、パンフルートの音が流れる空間で、シャボン玉を体験した。子どもたちの何人かが、シャボン玉を「汚れる」「あっちに行け」と避けたり払ったりする姿がセラピストには印象的であった。優しく柔らかいものに対して素直に関われないように思われた。さっきの白紙の子どもの横で、セラピストがわ

ざとシャボン玉を吹くと、嬉しそうに嫌がる動作をした。それを何度も続けて、1回のセッションは終わることになった。その横で、緘黙の子どもは本当に楽しそうに笑っていたのである。

考察
不登校の子どもたちに出会っていく過程は、まさに人が音や音楽と出会っていく過程であったように思う。触覚で自分が感じられるということを経験し、リズムを刻むことで自分ができるということを感じ、そしてアンサンブルすることで出会えるということを体験していったと考えられる。「できる」ということを通して、子どもたちは、「学びたい、出会っていきたい」と望んでいるように感じられた。子どもは、音が自分と向き合ってくれていることを感じ、そこにセラピストがいたということを体験して、外に向かって表現できる自分に出会っていったと考えられる。

これから
職員室に戻り、お茶を飲んでいたセラピストのすぐ後ろには、さっきの緘黙の子どもがポスターを見ながら、さりげなく立っていた。部屋からは、先ほどの『デュエット』のリズム・アンサンブルが聴こえてきていた。皆は、繋がろうと一歩前に歩み始めているようだ。繋がりたいという子どもの声を、毎日の現場で保障しつづけられることを願っている。

（中島恵子）

ケース9　かつて不登校で生きている意味を見出せなかった Eさん（21歳）

> コラボレーションによる音絵はアートへ
> 　　――退行そして再統合
> 他者との交流と内面の表現

出会い

　高校時代、一時期不登校だったEさんは、今では21歳の女子大生。大学に来てはいるものの、何となく勉学に身が入っていないように見え、叱られることの多い学生だ。Eさんが所属しているクラスは、ある国家資格を取得するためのクラスであり、実習を目前にしながら、ずいぶん鍛えられているという印象を持つクラスであった。クラス全体に「かったるい」という雰囲気が漂っていたある音楽の授業の一光景である。

経過

　ある日、セラピスト（筆者）は、かったるいという雰囲気の中に、何かわからないが鬱積したものを感じた。言葉で表せない彼女たちの思いを〈音絵〉で表してみようと思った。4mのロール模造紙をさっと床に敷き、学生20名が思い思いの場所に座った。まず、ドラム、ギロ、トライアングル、ビブラスラップ、スライドホイッスルなどの楽器で音を出し、クレヨンで絵を描くよう指示した。次に、CDで3～4曲の音楽を流し、水彩絵具を使って、思い思いの色を使いながら、筆やスポンジで重ね塗りを行っていった。この時点で、4mの模造紙一面は、えんじを中心とした、決してきれいとは言えない混沌とした画面に仕上がった。20人の学生は、皆、満足気な表情である。もちろんEさんも。

　次に、この絵の一部分をちぎったり切ったりして、貼り絵を作ることにした。「これ、Eさんが書いてたよね、きれい、もらっていーい？」20人は、自分の描いた場所だけではなく、自分以外の友人の描いた場所から、絵をもらい、貼

り絵を完成させていった。水の流れを感じさせるCDをBGMとして聴きながら、はしゃぎながら作品を完成させていった。最後にこの作品への思いを詩に表すことにした。先ほどの楽しい雰囲気とは変わって、皆、真剣な表情である。そうしてできあがったのが、次のEさんの作品である。

「森の入口」
あたたかい。とってもあったかい。
散歩をしようと思った。
ずっとずっと遠くまで……
ずっとずっと
歩いていたいと思った。
きっと　何かみつかるはず……
それまで　ずっと
歩いていたい。

　筆者は、このEさんの作品を見、Eさんが自作の詩を朗読した時、なぜか涙が出た。Eさんがこんなにも一生懸命生き、必死で未来を探そうとしていることを知らなかったからである。もしかするとEさんは、自分を探しているのかもしれないとも思った。池に泳ぐ2匹の金魚に何か希望を感じさせられ、Eさんはきっと、自分の力で次の一歩を見つけ出せると感じた。

考察

　音を描く、そして全体から好きな部分を切り取るというプロセスに、自分と他者との出会いを見ることができる。「これ、Eさんが書いてたよね、きれい、もらっていーい？」という友人の言葉は、Eさんを受け入れる言葉であり、一緒に描いた人がいたと感じた時であったと思う。

　描くという、一種の退行を促す活動を、次には、切って貼るという再統合の活動へと展開し、さらに言語を用いて無意識を意識化していくという一連のプロセスによって、みずからの内面理解へとつながる活動になったのではないかと思う。

活動の終了後、「Eさん、どうだった？」という私の質問に、「超、マジになっちゃったよ、超、楽しかった」という答えは、この活動の意味を確かな声として伝えてくれているのかもしれない。

(山下恵子)

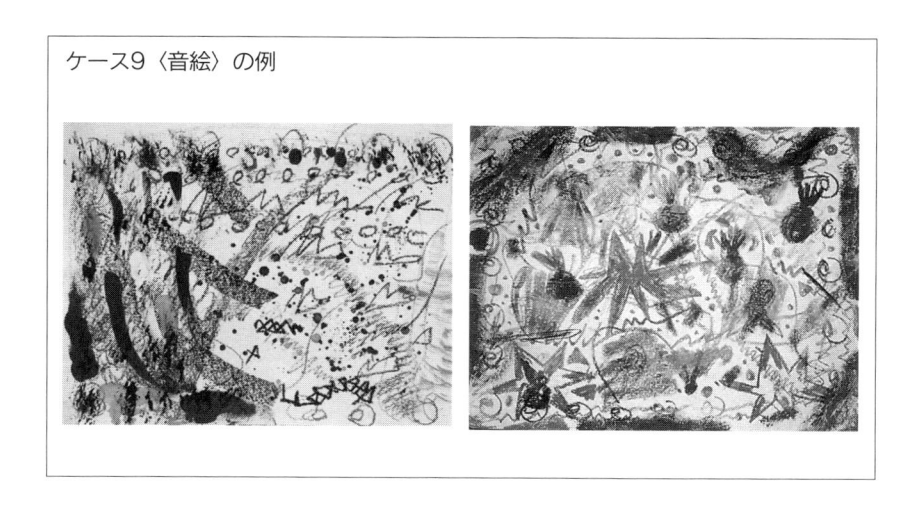

ケース9 〈音絵〉の例

ケース10　いつも不機嫌な自閉症のＴさん（24歳）

> 呼吸と出会い、リズムと出会い、人と出会う
> 自分を表現できると感じた音楽の空間

出会い

　Ｔさん、24歳重度自閉症。18歳より更生施設に入所している。時々プレイルームの中を「ホー」と声をあげながら手を口の前で打ち続け、跳びはねるように走る。自分の名前や、簡単で最小限必要な単語は10語程度である。機嫌はいつも悪い。表情も険しい。重度の自閉症の対象者を中心とした18名のグループで月２回のセラピーを開始した。

経過

　当初、Ｔさんは、ホールの中で他メンバーを遠巻きに見たり、勝手に動き回っていた。セラピー開始後３ヵ月ほど経ったある回の〈リズム・ムーブメント〉活動の時、セラピストが横に気配を感じて見てみると、なんとＴさんがセラピストのすぐ横を歩いていた。短時間ではあるが、同じことが、何回か観察された。Ｔさんがセラピストの視界の中に入ったり出たりし始めた。途中、セラピストが部屋の隅にいるＴさんを見ると、必ずと言ってよいほどセラピストを見ていた。

　目を見張るような変化が現れたのは、一年は経たない頃からの〈音声ボディ・パーカッション演奏〉と〈ドラム同質〉の活動においてであった。「好きなもの、なーに？」といった言葉を付けたリズムを繰り返したリズムのパターン打ち、一定のリズムを繰り返しながら言葉をのせていく演奏場面、セラピストと向かい合うドラム同質場面で、Ｔさんは、確実にメンバーの輪の中に入り、しかも積極的に参加し始めたのだった。

　同じパターンを繰り返して行うことによって、次第に自信を持ち、時々笑顔で他メンバーを見ながらハンドドラムをたたいている姿が見られるようになっ

たのである。

　セラピー開始1年後、Tさんの表情は穏やかになり、笑い顔が多くなってきた。特に〈ドラム同質〉活動を行う時には、「T君」と自分で自分の名前を言いながら手を挙げ、自分がやりたいことを要求するようになってきた。しばらくしたある日のセッションで、ドラムの前のTさんは手首を柔軟に使ったしっかりとした音で何度もたたき続けていた。勝手に終わっていたこれまでの終わりかたとは違い、その日は終わろうとする瞬間がセラピストにもはっきりとわかった。Tさんがセラピストに合わせようとした瞬間があったからだ。すでにセラピストが終わりの音の準備をしていたことにTさんは気づき、一瞬に自分の音を導いてくれと言わんばかりの様子でセラピストを頼り、そして、自信をもって最後の音を決めることができた。〈ドラム同質〉活動後の何とも言えない満足した表情の笑顔は、その後も持続していた。これまでは、自分がたたく前には輪の中にいても、たたいた後には必ず部屋の隅に戻っていたTさんだったのだが、その時にTさんが座った場所は、輪の中だったのである。

　3年経過した現在、〈楽器演奏〉では、勝手にビブラスラップを選び、お気に入りのマットの上で仲間の様子を見ながら、時々ホールを横切るように歩きながらビブラスラップを演奏するTさんの姿がある。

考察

　表情険しく、施設の中で生活していたTさんにとって、セラピーの時間は、自分を表現できる音や音楽との出会いと、自分を受け入れてくれるセラピストとの出会いの時間だったと言えるのではないか。

　特に、人に対しては警戒しがちなTさんは、まずセラピストを観察し、関係を取ろうとした。その関係を取るために、Tさんはドラムを自分が理解してうまく打てることが大切なのだと感じたと思われる。Tさんの得意なパターン化を、音楽のリズム・パターンとして利用できたことで、Tさんはセッションにスムーズに参加でき、活動を得意とするようになっていったと考えられる。そして、そのリズム・パターンを使った合奏形式が、他者とのコミュニケーション意識を高めることを促したのではないかと思われる。

施設で生活するTさんにとって、ミュージックセラピーが楽しみの時間になっていったことは間違いない。その楽しみは、自分を表現できる、自分を受け入れてくれる、仲間になれるといった、誰でもが感じるごく当たり前の楽しみであり、その楽しみの要求を充たすことができたために、Tさんは仲間と出会えたのだと思う。この当たり前のことが、一般の社会の中ではなかなか実現できないのが現状であり、セラピーの時間は、Tさんにとっては貴重な、社会と「繋がる」時間になっていったのではないだろうか。

これから
　以上のセラピーの過程は、特定のセラピストに受け入れられているという条件のもとに進んできた。ある時、非常に険しい表情のTさんを見出して驚いた。その2、3日前から、ある指導員とうまくいかずにパニックを起こしていたらしい。その日もその指導員がホールの中にいることを気にしていた。生きていく上で基本となる「受け入れられている」実感を持てるようになることを目指して、そのような体験をセラピーの中で少しずつ重ねていってほしいと願っている。

（中島恵子）

ケース11　精神障害のあるSさんとその仲間たち（60歳）

> ハンドドラム・リレーの音は人を繋ぐ
> 音を描く距離が心の繋がり

はじめに

　精神科の病院デイケアでの音楽療法は、今年で13年目である。15～16人のメンバーのうち約半数は開始当初からのメンバーである。10年間は月に2回、常勤音楽療法士が勤務してからは月に1回、1時間、計270回の集団音楽療法を実施している。

経過および考察

　今から10年前、初めて〈ハンドドラム・リレー〉を行った時のことを今でも鮮明に覚えている。ハンドドラム・リレーは、円形の状態で、一人一個ずつ持った太鼓を順番にたたいていく活動である（159頁参照）。自分がいつたたけばいいのか、どうたたくのか、正解はどうかなどさまざまな質問が出され、説明の段階では、少々混乱気味であった。しかし一度活動を始めると、そのスムーズさに驚かされた。ふだんは無表情で、スムーズなコミュニケーションができないメンバーが、嬉しそうに自分の順番を待ち、音を出し、隣に音を送り、音を渡した瞬間、その音を目で追っていくのである。音が1周まわった時の、安堵感とも感じる深い呼吸は、人と人が一つになった瞬間であると感じた。

　それから10年、この活動は最も人気のある活動となっている。ハンドドラム・リレーは、今では、手拍子・足拍子の同時逆回りや、好きな食べ物を答えるゲーム、テニスやサッカー、「石」や「ぐにゃぐにゃの物」などをイメージするジェスチャー・ゲームへと展開している。

　精神障害という、極めて孤独感を感じると思われる障害のある人々にとって、「こんにちは」と気軽に会話できるのが音ではないだろうか。対人コミュニケーションを不得手とする人々が、ハンドドラム・リレーを通して、音で人が

「繋がる」ことを体験できたと思う。自分がここにいながら皆と繋がっていることの意味を見出す時、生きている実感が生まれるのではないだろうか。「一人ではないよ、皆で今、一緒に生きているんだよ」というメッセージは、「音」という生き物によってお互いに伝えあえていたのだと思う。

また、デイケアに通う60歳のSさんは、自分からコミュニケーションを取ることは苦手だが、いつもニコニコして座っている方だった。ある日、ラヴェル作曲の『ボレロ』に合わせて音絵を描いたことがあった。図の◎印の位置にいたセラピストが呼びかけると、●印の位置にいたSさんが、ニコニコしながら皆の前を通って、実に長い線を描いた。

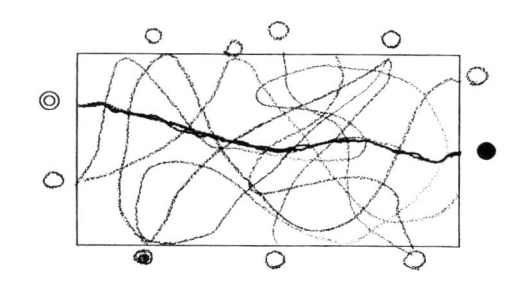

◎の位置にSさんが到着した時、他のメンバーは拍手を贈った。「すごい、Sさん、そんなとこまでいったねー」。この作品は、デイケアルームに「ボレロ」と題して展示されている。

音でコミュニケーションをする経験は、音を描くことでもコミュニケーションを可能にしたと言える。描かれる線を、コミュニケーションをとるための心の繋がりの線と捉えるならば、自分から遠く離れたセラピストの所まで来ることができたSさんのコミュニケーションの可能性には驚かされる。そして、ここで描かれた作品は、すでに芸術の域へ入ると思われるような作品であり、その過程で多くの人との交わりを経験できたのではないかと思う〈音絵〉であった。

これから

　人と人が「繋がる」ことが楽しい、嬉しい、と音で伝えてくれたのがこのメンバーである。「あなた」と「私」が繋がっていると感じた時、人は心の中に安心できる一つの絆を持つのではないかと思う。このメンバーとはこれからも、新たな可能性を求めて繋がっていきたいと思う。

(山下恵子)

ケース11『ボレロ』の音絵

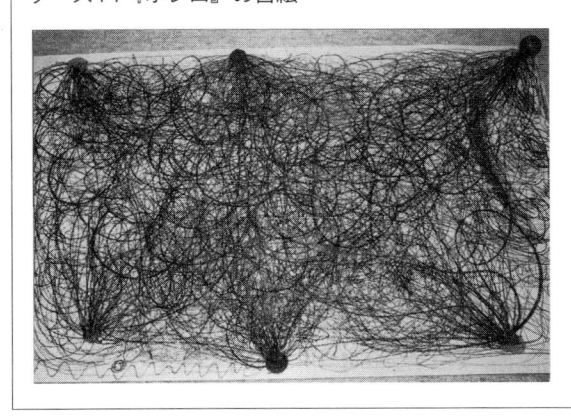

ケース12　痴呆症で悲観的に生きていたUさん（75歳）

> 失敗を恐れて硬くなっていた心身
> 人と音で繋がり共に生きている実感を得る

出会い

伏し目がちに人を見るUさんは夫と二人暮し。時々何とも言えず柔和な笑い顔を見せていたが、自分から話すことはほとんどなかった。難聴で少し大きな声で話さなければ聴こえない様子だった。物忘れがひどくなり、自分の殻に閉じ込もる様子でいることが多くなったため、地域の痴呆予防教室に参加してセラピーを受けることになった。

経過

活動を開始すると、Uさんは非常に緊張した様子で、握りこぶしを作った手は終始、膝の上にあった。緊張しているためか、〈楽器リレー〉などの簡単な活動も理解できないことが多かった。自分の番が来ると表情はますます硬くなり、楽器を持つ手は震えそうになっていた。そんなUさんだが、昔、合唱をしていたことがあると話し、歌を唄う場面では自信を持っていた。時に指揮をする姿も見られた。歌から昔の話を聞くことができるようになってきた。

回数を重ねるにつれてUさんは喋るようになっていった。「もう本当に御迷惑をおかけします」「家の人が怒るから」「(隣に座っている人を指して) この人はすごいから。上手だから」などの言葉を何度も繰り返した。自分一人になる場面ではまだ緊張していることが多かったが、場面によっては柔和な笑いを見せることが少しずつ増えていった。やがて、歌をともなう活動や〈リズム・ムーブメント〉の動きの場面で、セラピストや他の介助者と活発にやりとりするUさんの姿が見られるようになった。

そんなある日、何度誘ってもこれまでは頑なに前に出ることを拒んでいた〈楽器指揮〉の場面で、何かを吹っ切ったように、急にUさんは立ち上がって

前に出ていった。この活動は、ドラムをたたくという単純な行為で行えるが、自信のないUさんにとって、皆を指揮するというこの行為は大きなハードルだった。なかなか打ち始められなかった。セラピストが大きく何度もうなずき、いつでも始められるように合わせる動作を繰り返した後、ようやくUさんはバチを動かし始めた。しかし、Uさんの表情には、皆が合わせていることを楽しむ余裕はないようだった。今度は「終わり」を指示しなければならない。自分で「これでいい」と決断しなければならないのである。セラピストが〈同質〉奏法で介入することで終結に向かったUさんの表情は焦っていた。そして、とうとう決断した一打が決まった瞬間、Uさんはふうっと息を出した。表情に柔和な笑顔が見られたのは、自分の席の椅子に座ってからだった。

次第にUさんは、セラピーが始まる前からよく話すようになった。ダンスの場面では、ターンなどをカッコよく決めようとし、動きが軽やかになった。円形に座るメンバーの顔を見て冗談を言うようになった。そして、人の前で行う〈楽器指揮〉や〈ドラム同質〉活動の場面で、むしろ好んで、人の前に立つようになったのである。緊張してぎこちなかった動きや聴こえないから話しづらいと思われていたUさんが、大きく変化していった。

考察

Uさんが日常生活の中で繰り返し体験した「物忘れする」「自分はもうだめだ」「できない」という思いは、心身ともに活動を減退させていたように思われる。現実の生活の中では、そのように感じざるを得ない場面が多く、自分の世界にこもってしまうことしかできなくなったのだろう。このようなUさんを地域の社会とつなぐことで、痴呆の進行を防ぎ、痴呆の中のある状態は回復させていくことができたのではないだろうか。Uさんは、地域の社会とつながるために、音・音楽の世界で自分を表現することを体験し、その可能性を見つけ、自信を取り戻していった。話す、動く、音を創るなどのさまざまな感覚を使って、自分の可能性に気づくところから生きるエネルギーを得ていったUさんの姿から、人の表現の可能性、社会と繋がる根源的な意味を感じたケースであった。

これから

　自分の表現を認めてもらえる社会を得たUさんは、これからますます自分の表現の可能性を感じることであろう。難聴であることなどの障害を補う方法をできるだけ得ようとすること、自由に表現することをもっと楽しむこと、それを共に感じ合う仲間がいることの喜びをもっと体験することで可能性は広がっていく。それには、その表現を受け入れる社会と、そのような機会が必要になってくるだろう。

(中島惠子)

ケース13　アルツハイマー病で人との関わりを拒否していた
　　　　　Lさん（93歳）

> 私が今生きていることをドラム同質で体験
> 音で「繋がる」

はじめに
　Lさん93歳は、老人保健施設のデイケアに通所している。アルツハイマー病で、要介護度は5である。移動は車椅子使用。問題行動として、不眠傾向、徘徊が頻繁に見られ、表情が乏しいとの訴えが、家族からあがっていた。月に2回、利用者15名で構成される集団音楽療法に参加することになった。

経過
　初回、落ち着かない様子で表情も硬く、セラピストと目を合わせることはない。意思疎通は困難で、声かけに対して「ごはん、ごはん」と食事を欲する言葉が返ってくることが多い。楽器を手渡そうとしても受けとらず、下を向いて舌を出して拒否的な態度を示す。〈ドラム同質〉場面で触覚的なアプローチを行うと、下を向いていた顔が上がり、セラピストを一瞬見つめて指を動かした。指を動かした後、再度下を向くが、セラピストが音の刺激をやめると、再度ペロリと舌を出す。この舌出しは拒否的な舌出しではなく、「照れ」の表現と感じられた。

　セッション5回目、セラピストの動きをちらちらと目で追うようになる。ドラムあいさつの場面では、舌を出して拒否的ではあるが、〈ドラム同質〉や〈楽器演奏〉の場面では、楽器の上に置いた手を動かす動作が見られ始める。

　セッション10回目では、〈楽器演奏〉の場面で、パドルドラムを渡すと、『ソーラン節』に合わせて、部分的に気の向くままにたたく。セッション14回目では、終わりの歌の『ふるさと』や『靴がなる』などの童謡の一部を口ずさむ。歌を歌った後、Lさんの前に妊娠8ヵ月の副セラピストが感想を求めて

行くと、手を伸ばしてお腹を触り、「3月じゃね」と出産予定月を言いあてた。介護士が、Lさんは50年間ほど助産婦として仕事をしていた方であると話す。一同が驚きに包まれた瞬間であった。

セッション23回目では、ドラムあいさつの場面でハンドドラムを数回たたいたあと、セラピストの目を見て「よろしく」と言う。

セッション24回目、歌唱の際に手拍子をしながら歌うようになり、〈ドラム同質〉や〈楽器指揮〉では前にいるセラピストの目を見てドラムをたたき、呼吸を合わせて終わるようになる。〈楽器演奏〉では、『村祭り』の曲に合わせて ♩ ♫ のリズムをたたく。ダンスの場面になり、セラピストが「立ちますか」と声をかけると「はい」と笑顔で答え、スタッフと手をとりあって踊る。途中、隣のGさんを指さし、「この人と一緒（に踊る）」と言って皆をびっくりさせる。また、同日の終わりのあいさつでは、セラピストに対して「ごくろうさん」と声をかける。この頃から、日常生活場面でも笑顔が見られるようになってきた。

考察

初期に見られた不安定な行動は、活動の方法が理解できなかったり、自分の存在意識が希薄になっていたために生じたものと考えられる。舌を出して自分を表現するという行動が見られたが、舌出しが単に「嫌」という拒否的な気持ちの表現だけではなく、わからないという表現であったり、照れであったり、さまざまな表現手段として使われていたと考えられる。

ドラム同質を通して行われた一瞬の出会い——人と「繋がる」体験は、楽器演奏や歌、ダンスへと繋がりの幅を広げていくことになっていった。ドラムをたたくという行動を通して、そのままの自分が体験され、そこにセラピストや他の利用者がいる、自分が繋がっているということを体験できたと考えられる。おそらくこれは、「LさんがLさんである」という自己確認の作業ではないかと思われる。

これから

　齢をとるということは、喪失の連続とも言える。昨日できていたことが、今日はできなくなる、聴こえない、見えない。一つ一つ失っていく中で、自分は何を頼りに生きていくのだろうか。そんな思いを抱いている高齢者に、セラピーの中で、「今ここに、私たちは共にいる」と伝えたい。「音で繋がっているよ」と伝えることは、言葉よりもはっきりと情緒に伝わっているのではないだろうか。

　音楽療法では、高齢者が本来持っている力がよりはっきりと見える瞬間が持てると考えられる。音楽療法が素晴らしいのではなく、そこに存在する「人が生きていること」そのものが素晴らしいのである。セラピーの中で出会う高齢者は、人生の豊かさを表現する何とも尊い存在に思えてならない。　（山下恵子）

第 7 章　Co-Musictherapy のアセスメントと評価

第7章　Co-Musictherapyにおけるアセスメントと評価

　音・音楽の世界を通して対象者を観ることや、音・音楽に映る対象者の姿を客観的に分析することは、難しいことでしょう。それは、このセラピーが、対象者と音・音楽を「繋ぐ」ことや対象者の姿を映し出すことにおいて感じるということから始まるからです。客観的に観ていくことと、感じるという曖昧な世界を大切にすることの必要性を感じながら、アセスメントや評価を行います。Co-Musictherapyは、多感覚アプローチを中心に行い、セラピストの感性が重要となるだけに、ますます、一定のアセスメントや評価のありかたを示すことは難しいと思われます。

　自分の感性を研ぎ澄まし、人の心身の発達に沿って対象者を観察していくことは、アセスメントや評価に欠くことができません。また、Co-Musictherapyの中で、特にその感覚の状態や変化に注目したい後述の6つの感覚領域の発達を観察しながら、それぞれの感覚の統合のありかたや感覚の優位性を現在の対象者の状態とつないで考え、対象者の状態や問題、これからの発達の方向性を導き出すこともできるでしょう。この段階では、対象者の生育歴や既往歴、音楽経験や嗜好、他訓練の状況などの情報も必要になってきます。子どもの場合は、人の発達の軸でアセスメントや評価を行うことができ、既存の発達検査方法なども同時に利用できるでしょう。成人や高齢者の場合は対象者によって、また、その目的によってオリジナルなアセスメントや評価を行う必要があるでしょう。しかしいずれにしても、並べられた項目のみを追ってアセスメントや評価を行うことはできず、常に総合的な発達や関わり、関係の中で、アセスメントや評価は行われるべきと考えます。

1 Co-Musictherapyにおける感覚発達の視点

　第1章の「音・音楽の可能性」で考えた6つの感覚領域における対象者の細かな発達を、音・音楽や楽器や素材を使ったCo-Musictherapyの活動を通して観てみましょう（220-221頁の**表1**）。6つの感覚領域とは、「聴く・見る・触れる・動く・感じる・考える」です。

　このような対象者の多感覚領域の発達を、アセスメントとしてのアプローチの中で観察し、それぞれがどのように統合され、心身リズム・テンポに影響しているのか、コミュニケーションにどの感覚を使っているのかなどを観察していきます。

楽器に触れる（触覚）

2 Co-Musictherapy のアセスメント

　筆者の行っている音楽アセスメントの方法を一例として表してみましょう（222頁の**図1**）。基本のアプローチとして、リズム・ムーブメント、ドラム同質、その他の活動を行い、その中で心身リズム・テンポやそのヴァリエーション、コミュニケーションの状態を観察します。

　ドラム同質からの展開として、ドラムリズム模倣打ち、ドラム＋シンバル、パーカッション即興演奏などの活動を行い、コミュニケーションの細かな方法などを観察します。これを基本にして、重度の心身障害のある対象者の場合には、触覚のアプローチを行います。年齢や状態に合わせて使用する楽器も変化していきますが、主にメタルフォン、シンバル、ハンドドラム、クラベス、ツリーチャイムなどが使用頻度の高い楽器と言えるでしょう。知的障害のある対象者で、細かな精神発達を観察する必要がある場合、パズルや絵カードなどを使って学習の過程や言葉の状態を観察します。また、動きの多い対象者などに対しては、基本のアプローチに加えて、微細な運動や集中の持続状態や心身の協応性などを観察するために、「カラースティックTen」(**写真**) と呼ばれる、1

カラースティックTen

表1　Co-Musictherapyにおける多感覚領域の視点とそのレベル

	Co-Musictherapyに映る姿
聴く	①音を聴かない、音に気づかない ②音に気づき意識できる ③近づいたりして音の意味を知ろうとする ④音の意味を知ろうと持続して工夫する ⑤意味がわかる音や音楽を積極的に聴く ⑥音や音楽を積極的に聴き、自分でその音や音楽から自由にイメージを広げていくことができる
見る	①楽器などを目的的に見ない ②細かく揺れる楽器などを感覚刺激として見ている ③楽器の音や音を出す人に気づいて、見る ④対象を見て意味がわかるために、目的的に見ている ⑤自分の意志や目的を持ってさまざまなものを見る ⑥対象を目的的に見て、自分でその物から自由にイメージを広げていくことができる
触れる	①楽器に触れない。楽器に触れようとしない ②触覚感覚刺激として楽器を提供すれば触れる ③触覚感覚刺激として、みずから持続して触れる ④意識的に楽器などに触れ、その感覚を弁別することができる ⑤意識的に楽器などに触れ、その感覚を弁別しながら把握などの操作に至る ⑥意識的に楽器などに触れ、その感覚を弁別しながら物の操作や遊びを展開し、触覚からイメージを広げたりすることができる

	Co-Musictherapyに映る姿
動く	①動かない、動けない ②自分勝手に動き、自分の動きを意識できない ③一定の目的や一定の動きであれば意識して動ける ④自分の動きが意識でき、音などで自分の動きをコントロールできる ⑤動きのヴァリエーションが広がり、見たり聴いたり物と関わったりしながら動くことができる ⑥動きながらのヴァリエーションが広がり、他者とのやりとりが柔軟にできる
感じる	①楽器を触ったり、音を聴いたりすることで快・不快等を感じない。表情や動きの反応がない ②表情や動きで感じていることが他者に伝わる ③呼吸や音の変化、リズム・テンポの変化を感じることができる ④手遊び歌など、一定の遊びにおいて、その前後に遊びの楽しさなどを予期したり余韻を感じたりできる ⑤音や音楽や音を出す動きや他者の存在などを、驚いたり、楽しいと感じたりする ⑥音や音楽やさまざまな遊びや素材を感じ、それを創造的な表現にすることができる
考える	①考えずに、多くは欲求に従って行動をしている ②好きな楽器の操作など、決まった場面では自分なりに考えて行動できる ③音や音楽の意味を考え、楽しむことができる ④いろいろな遊びの場面などで音や音楽を意図的に使用したり、構成・創造し、楽しむことができる ⑤いろいろな音楽経験や遊びを意識化しながら遊びを展開していくことができる ⑥いろいろな音楽経験や遊びを意識化し、創造的に展開させながら自己実現に向かうことができる

図1　音楽アセスメントの方法例

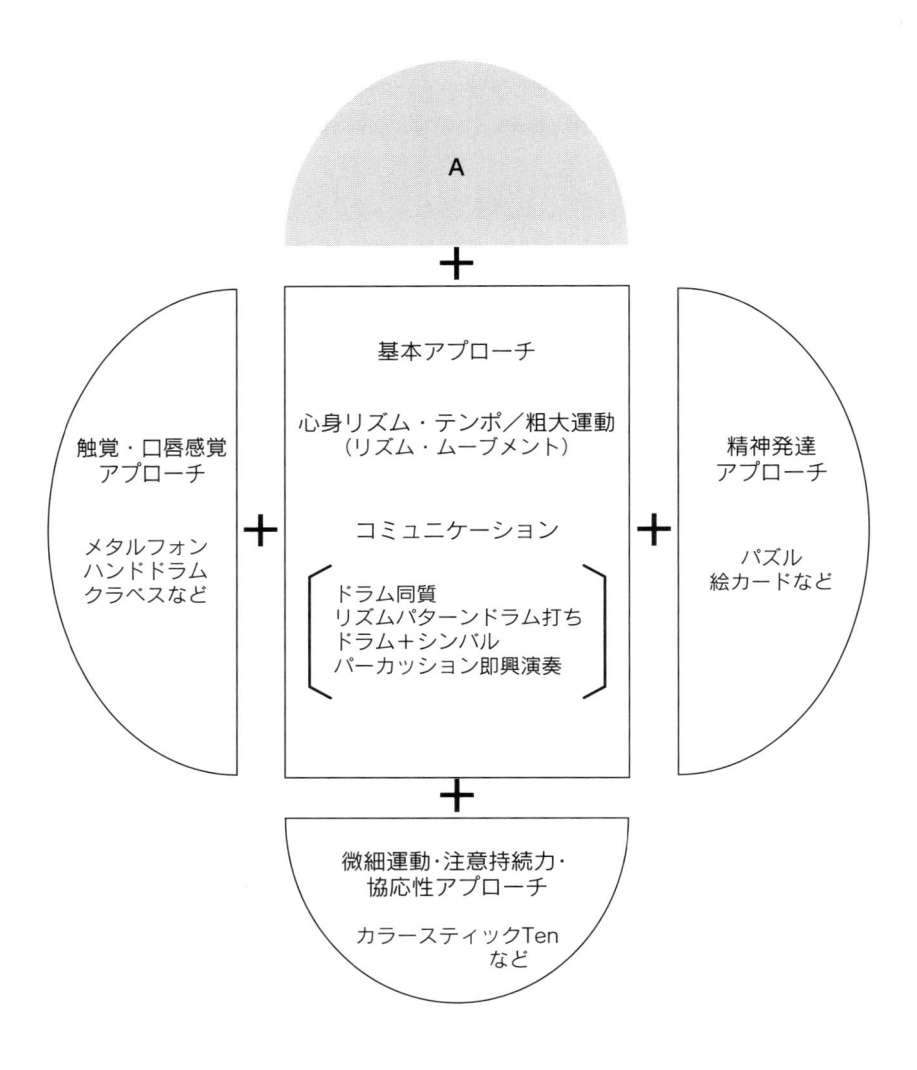

```
                    ┌─────────────┐
                    │      A      │
                    └─────────────┘
                           +
┌──────────┐      ┌───────────────────────┐      ┌──────────┐
│          │      │     基本アプローチ        │      │          │
│ 触覚・口唇感覚│      │                       │      │ 精神発達  │
│ アプローチ │      │ 心身リズム・テンポ／粗大運動 │      │ アプローチ │
│          │  +   │   （リズム・ムーブメント）    │  +   │          │
│ メタルフォン│      │                       │      │  パズル   │
│ ハンドドラム│      │    コミュニケーション      │      │ 絵カードなど│
│ クラベスなど│      │                       │      │          │
│          │      │  ｛ドラム同質          ｝ │      │          │
│          │      │  リズムパターンドラム打ち │      │          │
│          │      │  ドラム＋シンバル        │      │          │
│          │      │  パーカッション即興演奏  │      │          │
└──────────┘      └───────────────────────┘      └──────────┘
                           +
                    ┌─────────────┐
                    │微細運動・注意持続力・│
                    │ 協応性アプローチ  │
                    │             │
                    │カラースティックTen│
                    │     など     │
                    └─────────────┘
```

A：対象者によっては、新たなアプローチを
　　加える必要がある

〜10の数で刻んだくぼみのあるスティックを、立てたり重ねたりする遊びを取り入れることもあります。

このように、心身リズム・テンポとコミュニケーションの観察を中心に行う基本的なアプローチに加えて、個々の対象者の状態に応じて必要となる要素をアセスメントする活動を行います（**図1**の**A**部分）。この部分をアセスメントすることで、個々の対象者の状態がより明確になります。基本アプローチで映し出された姿が、触覚・口唇感覚アプローチや精神発達アプローチ、微細運動、注意持続力、協応性アプローチや**A**部分につながっていくのです。

このようにして全体の感覚の統合性や優位性を観ていき、発達の方向性と照らし合わせながら、対象者のCo-Musictherapyアセスメントを行います。

3　Co-Musictherapyにおける評価

Co-Musictherapyの評価は、アプローチの目的によって変化していきます。

対象者が子どもの場合、目的は心身の発達につながるものとなります。そのために評価は、現存の評価システム、例えば、田中ビネーや遠城寺式発達検査、ウェクスラー系の知能検査などを使うことができます。

対象者が成人・高齢者の場合は、楽しむこと、表現することを目的とするならば、音楽活動を中心に評価することが可能になります。

表2（224-5頁）および**図2**（226頁）は、筆者がある老人保健施設でのセッションのために作成した、高齢者のためのCo-Musictherapy評価表とそのダイアグラムです。対象者は比較的重度の痴呆症の方が多く、その姿や変化が表される個人の評価表になり、項目ごとに内容をチェックしていきます。

表2　高齢者のためのCo-Musictherapy評価表

歌唱 (A)	0	歌わない
	1	ときどき歌う
	2	だいたい歌う
	3	表情もあり、歌う
楽器 (B)	0	音を出さない
	1	一部のみ、短時間音を出す
	2	誘われれば、持続して音を出す
	3	積極的に音を出し、楽器操作の工夫もある
動き (C)	0	動かない、動こうとしない
	1	誘うと一部のみ、短時間持続できる
	2	誘われたりするのをきっかけに、自分で動くことができる
	3	積極的に表現していく
表情 (D)	0	ない
	1	自分に話しかけられたりする特定の場面では、時々表情がある
	2	自分に話しかけられたりする特定の場面では、表情がある
	3	全体に表情がある

社会性 (E)	0	他者とやりとりをしない
	1	働きかけがあれば、簡単なやりとりができる
	2	他者を意識したり、自分から簡単なやりとりをする
	3	自分から他者を意識し、積極的に関係をとる
活動適応・意欲(F)	0	何をするにも意欲がなく、内容が理解できない様子
	1	具体的に手をあげるなど、簡単なことであれば部分的に適応できる
	2	慣れてきた活動ならば適応でき、意欲を示す
	3	新しい内容にも興味を持ち、楽しみ、意欲的である
内容理解 (G)	0	自分の状況を理解していない
	1	簡単なことは部分的に、持続性はないが理解できる
	2	繰り返していることは意味がわかっている
	3	すぐに理解できている
ことば (H)	0	喋らない
	1	返事や相手の言葉を繰り返し、単語レベルで応答できる
	2	短い文章では喋ることができる。全体に表情がある
	3	自発的に喋ることができる

図2　高齢者のためのCo-Musictherapy評価表ダイアグラム

A　歌唱
B　楽器
C　動き
D　表情
E　社会性
F　活動意欲・適応
G　内容理解
H　ことば

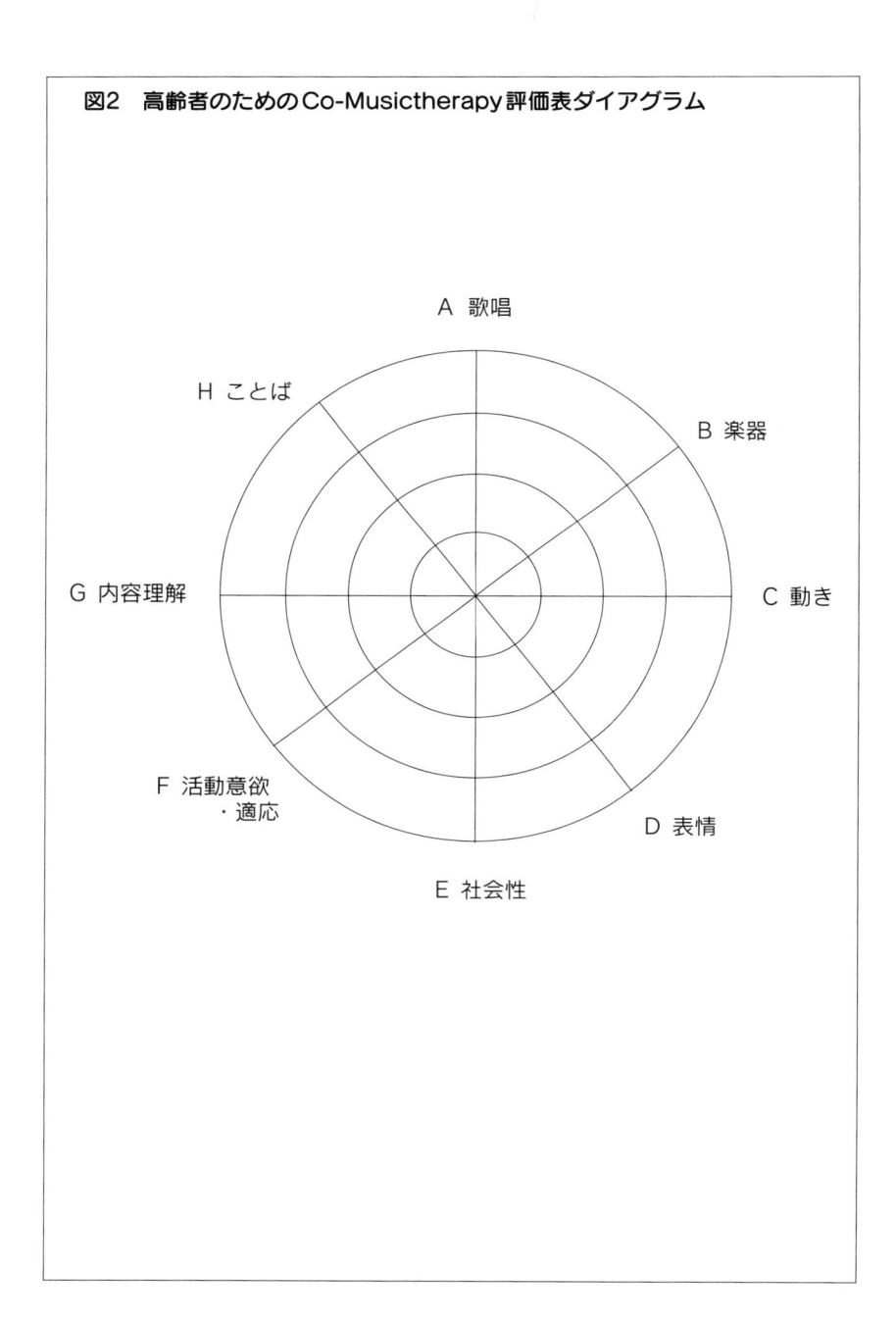

例えばある対象者の評価を見てみましょう（228頁の**図3**）。
　その対象者のどこを評価していくのかということは、もちろんセラピーの目的によって変化します。セラピーの目的が曖昧であれば、評価も曖昧になります。またセッションで実際には観ることのできなかったことを評価しようとしたりすることにもなります。
　セラピーにおけるアセスメントは、何を目的に、何を期待して、アプローチしていくのかを観るために行われるものであり、セラピーの評価は、対象者の発達や状態の変化の可能性を観るために行われるものなのです。
　対象者に多感覚にアプローチするCo-Musictherapyは、そのアセスメントと評価においても、当然、多感覚性が必要とされます。対象者の「豊かな生」に焦点を当てたアセスメントと評価は、確かに難しいことかもしれません。しかし、さまざまなモデルを体験することと同時に、対象者と出会い続けていく中で、自然に生まれてくる可能性もあるでしょう。

図3 ある高齢者を対象とした評価表

個 人 別 評 価 表

氏　　名	Ｖさん	年　齢	72歳

状況	移　　動	見守り
	身の回り動作	全介助
	コミュニケーション	会話・難聴、コミュニケーション不可、理解力なし
	そ の 他	失禁・放尿・収集癖、異食、徘徊

趣味	音楽好き　歌好き

目的	コミュニケーション手段の拡大　自己表現の場の確保 生活リズムの確保

生活変化	入所から入院するまでは徘徊もひどく、独語（意味不明）が多く見られた。 異食などもあり、身のまわりに危険な物は置けず、目が離せないことが多々あった。 夜間は不眠で睡眠導入剤を使用していたが、最近は服用せず入眠できるようになっている。徘徊はあるものの、終始歩き続けることはなくなり、イスにじっと座っている時間が長くなった。又、理解力が上がり、介助者の声かけに応じて行為を行うことが少しずつ出来始めている。

歌　唱 (A)	歌うことはないが歌に合わせて拍子を取ったりすることがある。
楽　器 (B)	持たせると楽器を口へ持っていき、叩いたりすることはなかったが、促すと時間はかかるが1、2回叩けるようになった。
動　き (C)	落ち着きなく席を立ったり衣服を触ったりするが、リズムを取ったり促すと自ら動く場面も見られるようになった。
表　情 (D)	無表情であったが、場面に応じて豊かになる。（硬かったが穏やかになる）
社 会 性 (E)	誘導に応じないことが多かったが、その場に応じて反応することがある。他の入所者を意識するようになった。
簡単動作・言葉 (F)	介助者が促すと簡単な動作ができるようになった。
内容理解 (G)	理解できなかったが、周りの様子をうかがっていることがあり、場面、場面を単発で理解している様である。
こ と ば (H)	意味不明の発語の連発から状況に応じた発語が見られる時がある。しかし会話は成立しない。

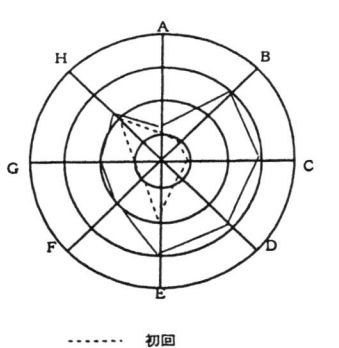

------- 初回
――― 2月22日時点

総合評価	独語が多く、全然コミュニケーションが取れない状態から、活動への参加場面が増え、積み重ねていく内容の活動などでは積極的な意欲を示すことが多くなった。情緒が安定することにより、日常生活場面での行為がスムーズに行える、コミュニケーションがスムーズに取れるということにつながり、トイレに座ってもらうのに職員2人がかりであったのが、促せば自らできるようになってくるなど生活場面での変化が可能になった。

第 8 章　Co-Musictherapy を解く

第8章　Co-Musictherapyを解く

　生後3ヵ月の娘と子守りをしてくれる母を連れて、初めてCo-Musictherapy研究所を訪れたのは、今から11年前です。学生時代より日本臨床心理研究所の松井紀和氏のもとで音楽療法を学んでいた私（山下恵子）は、宮崎に戻って初めての臨床現場となった宮崎県立こども療育センターの心理職の勧めで山口を訪れることになりました。

　見学をしてまず感じたことは、「何か違う」「何か楽しそうで、"生きている"という感じ」ということでした。セッション中には障害が軽く感じられた子どもが、一歩セラピー・ルームから出ると重度の障害児であったりして、一体このセラピーでは何が起こっているのだろう、と考えざるを得ませんでした。この体験を出発点に、私の「Co-Musictherapyって何だろう」が始まりました。

　次に訪れたのは、「表現リズム活動セミナー」でしたが、そこで私は一種のパニックに陥りました。物事を頭で整理をして、きっちり分類しないと落ち着かない性格であった私は、たった1回のセミナーを受けただけで、激しく混乱している自分を感じました。これまでなんとなく描いていた「すてきな音楽」という抽象的なイメージはかき消され、人の呼吸や、人の生そのもの、何のために音楽をしているのだろうとストレートに語りかけてくる多感覚の音・音楽に出会うことになったのです。

　Co-Musictherapyに出会ってからの私は、余分なものを自分の意思で捨てる作業をしてきたように思います。自分を飾りたくなる気持ち、自分をよく見せたくなる気持ち、人とまあまあうまくやっていきたいと思っている気持ち、ごまかそうとする気持ち等々、こうした気持ちは、すべて音や音楽に現れます。余分なものがくっついたままの音や音楽は、対象者の本来の姿を見えにくくし

てしまうものであり、セラピーには不要であるということを、実際に体験することになりました。「これはいらない、これもいらない」と余分なものを捨て、ずいぶん軽くなってきた自分を感じ、何より音楽をすることが心から楽しいと思えるようになった11年でした。

　セラピストである私を映し出し、生きかたをも問うてくるのがCo-Musictherapyです。この章では、「Co-Musictherapyって何だろう」という問いに対して、現在の私なりの答えを、理論的な観点から記してみたいと思います。

　ケネス・E.ブルーシアは、音楽療法における「モデル」という言葉を次のように定義しています。

　モデルとは、理論に基づいた主義、臨床上の指示および禁忌、目標、方法論的指針および詳説、一連の特定の手順と技法を含んだ、査定、療法の実施、評価といったものの包括的なアプローチのことである。〔……〕モデルとは、ある主義に基づいており、手法、手順、技法への組織だった独特なアプローチである（ブルーシア2001：123-124）。

　ブルーシアのこの定義を踏まえれば、Co-Musictherapyは一つの音楽療法モデルとして捉えることができます。以下、音楽観、表現、人の発達の追求、技法論の四つの視点でCo-Musictherapyモデルを解いてみたいと思います。

1　音楽観

（1）音楽行動

音楽を聴き、歌を歌い、楽器を演奏し、音楽に合わせて思い切り踊るなど、

このような「音楽する」行為は、一体どのようなことを意味しているのでしょう。

ラドシーとボイルは、音楽行動を人間行動の一面として捉え、音楽行動を生きている動的な人間の活動を意味すると述べています。「人々が音楽と共におこなうこと」「音楽が人々におこなうこと」それも音楽行動であると彼らは考えています（ラドシー、ボイル 1985：10）。

第6章で実際のケースを挙げながら述べてきたように、Co-Musictherapy では、音や音楽に映し出される「何か」が、対象者の内的な世界を理解するための媒介物として実在すると考えます。私たちは音楽と共に何かを行い、音楽も私たちに何かを行う、この漠然とした「何か」は、音や音楽に確かに映し出されます。特に、Co-Musictherapy では、「音や音楽に映し出されるもの」を見たり、聴いたり、感じたり、考えたりしながら、その一瞬しかない「時間と空間」を、人の心と身体、その人の現在、過去、未来をも映し出している時空間として捉えるのです。

Co-Musictherapy における音楽行動とは、対象者とセラピストが、お互いを音や音楽に映し合いつつ、生きる方向性あるいはエネルギーを確認するものであると言えます。

（2）音・音楽

ドンと音がなり、ドーンと動き、〇と描いてみる。ギジギジと音がなり、身体をくねらせて動き、/\/\/\ と描いてみる。一体この音は、どのような意味を持つのでしょう。

Co-Musictherapy では、音・音楽は、人間が本来持っている呼吸や心身リズムから出発していると考えます。そのような音・音楽を改めて定義してみると、以下のような定義が可能かもしれません。

「Co-Musictherapy における音とは、意識的、無意識的であれ人によって創り出された振動である」。

この定義は、ジョン・ペインター（1994）やトレヴァー・ウィシャート

(1987)、さらにマリー・シェーファー（1992）などともつながる音の捉えかたと言えます。彼らは共に、音の発見や音の遊び、音の結びつきなどを教育のメソードとして考えているからです。

　また、社会人類学者であるジョン・ブラッキングは、南アフリカのヴェンダ族の民族音楽的調査を通して、人間の音楽性と、社会と音楽の間の相互的な深い関わりを明らかにしています。そのような研究を通して、ブラッキングは、音楽を「人間によって組織づけられた音響である」（ブラッキング 1978：13）と定義しています。

　Co-Musictherapyにおいて扱われる音は、音と音との間にセラピストが介在することで、音に意味を付与していきます。対象者とセラピストが音で出会っていくことで、これまでの「音」は「音楽」へと変わっていくのです。それは一瞬の出来事であったり、長いスパンで変わっていくこともあります。そこで、Co-Musictherapyにおける「音楽」を、次のように定義することもできます。「Co-Musictherapyにおける音楽とは、人と人との関係性の中で、意識的に再現・創造された振動である」。

　先に触れた、音と動き、描くことの関連で考えると、ドンと鳴った音をドーンと動いてみることによって、音を出す人と動く人との間には関係性が生まれ、お互いが意識され、同じ動作が再現され、展開されていきます。音が音楽へと変わっていく時には、「人と人との関係性」という視点が加えられるのです。

（3）心身リズム・テンポ

　Co-Musictherapyでは、音・音楽の出発点を「呼吸すること」と考えています。私たちが音を出したり、音楽をする時に必ず行っている行為が、呼吸すること、つまり息をすることです。「息」という漢字は、鼻と心からできていると言われます。鼻は、空気をみずからに与えることを意味します。みずからの身体の一部と心が合体して「息をする」という行動が現れるとすると、音楽をする行動には、「呼吸」があり、そこに心が現れることになります。それが、先に述べた「音や音楽に映し出される何か」です。

ここで、もう一度考えておかなければならないことは、リズムとは何かということです。クーパーとマイヤーは、時間的組織づけの基本的モードを次の3つに区別しています。そのモードとは、「パルス、拍子、リズム」の三つです。「パルスは、時間の連続体に均等な単位を刻んでゆくものであり、人間の心は、はっきりとした確定的なパターンを好むため、均等なパルス群になにがしかの組織づけを課す傾向がある」（クーパー、マイヤー 2001：11-12）。また、拍子やリズムは次のように定義づけられています。「拍子は、多かれ少なかれ規則的に再起するアクセントとアクセントの間のパルス数を測定すること。パルスは、拍子のコントラストにおいてカウントされる時拍（beat）と呼ばれる。リズムは、一つかそれ以上のアクセントづけられない拍が、一つのアクセントづけられる拍との関係で、グループにされるやり方」（同上）。

　この観点から、人間の心臓の鼓動とつながっているであろう音楽の構成要素であるパルスは、拍子やリズムによって一つの塊（かたまり）をなし、その塊によって音楽が構成されるとも考えられるでしょう。

　Co-Musictherapy では、クーパー・マイヤーが言っているように、人間の心は、はっきりとした確定的なパターンを好む特性を持つと考え、その特性を生かして、リズム・パターンの広がりを人間の心の広がりと結びつけて考えるのです。

　もう一方で、テンポにも触れておかなければなりません。テンポは一般的には、速さと言われています。音楽の用語では、例えば速度記号が♩＝60と示されていれば、これは、1分間に♩を60回打つ速さと理解します。しかし、実際の演奏では、メトロノームに合わせて機械的にこの速さが保たれるわけではありません。そこに存在する、演奏者の呼吸の揺れとも感じられる微妙な揺れは、音楽にさまざまな彩りを与えるものとなります。

　このようなテンポの揺れを、音楽の生理的作用として検証するため、村井靖児は慢性分裂病患者のメンタルテンポ（利き手指指頭による10秒間の快適叩打数）を測定し、次のような結果を得ています。「メンタルテンポは分裂病の重症度と有意に関係し、病状や欠陥度が重いほどメンタルテンポは速く、逆に病状が寛解に近い患者はメンタルテンポが遅く、正常対象群の値に近づく。また、再発との関係の村井の研究でも、メンタルテンポの減速は、有意に再発防止に寄

与している」(村井2001:140)。

　ここで、Co-Musictherapyにおける心身テンポについて考えてみます。Co-Musictherapyにおける心身テンポは、ヴァリエーションの幅を持つことそのものに中心があります。村井の言う「正常対象群の値に近づく」という観点では、正常域を柔軟性や状況適応の閾値の幅と捉えています。例えば、いつもテンポが速く、そのテンポから変化しない人がいたとすれば、音・音楽や楽器、素材などの多感覚性を利用して、まず身体全体でとても速いテンポや中庸なテンポや遅いテンポなどの体験を行うことを目指します。緊張・弛緩とに通じるテンポの揺れを体験することは、対象者にとっては快い刺激となっていくと考えます。この体験によって、体験の幅が広がり、結果としてテンポの幅に広がりが出てくると考え、さらに、テンポの広がりが、柔軟性や状況適応の閾値の幅となって生活に般化されると考えるわけです。

　心身リズム・テンポで述べてきたように、音楽の構成要素であるリズムやテンポは、人の心の状態と密接な関係があり、みずからの心の状態が反映されやすいものであることがわかります。

　Co-Musictherapyでリズム・ムーブメントを体験し、私自身、自分のメンタルテンポに敏感になったようです。同じCDの音楽であっても、その日によって心地よく感じたりそうでなかったりするのです。そういう自分を、もう一人の自分が客観的に見つめる必要を感じています。今日は心身テンポが上がっていると気づけば少し下げるようにしますし、今日は下がっていると思えばみずからのテンポを上げることができるようになってきました。なぜこのようなことが必要になったのかを考えると、セラピストが柔軟な心身テンポやリズムを持つことで、一人一人異なる対象者との出会いの可能性が大きく変わってくると気づいたからです。

2　表現

(1) アートの中に含まれるもの

　ペーター・ペーターセンは、人と芸術との関係をめぐって次のように述べています。「芸術的で治療的な営みにおいて、内部からコントロールされる事象がある、この事象は、自律的に、芸術作品にのみ内在する法則に従って経過する」（ペーターセン1999：173）。さらに彼は、芸術が内在的な力としての時空間で、新しいものを創造しようとして表象されるものであるとも述べています。

　芸術すなわちアートは、人によって創造され、表現されるものです。音楽、絵画、彫刻、ダンス、演劇、詩歌などのさまざまな芸術活動は、人間の持つすべての感覚（見る、聴く、触れる、味わうなど）と密接な関係を持つものと考えられます。その意味で、アートには、人の持っている内的な力が多感覚的な刺激によって新しく創造され、表現されるような、流動的なエネルギーが含まれていると言えます。

　通常、芸術という言葉は、さまざまな素材や技巧、様式などによる美の創作や表現と捉えられています。そこで、神田橋條治は、「本来アートの訳語である芸術を『技芸』と訳すことで、『美しい作品』という意味が排除され、それに変わって、肉体の活動という意味合いが追加されるのが好都合のような気がする」（神田橋1980：148）と述べています。

　このようなことを考え合わせると、セラピーにおけるアートとは、美の追求に重きが置かれる通常の意味でのアートとは異なり、人がなんらかの手段を用いて表現するという、きわめて原初的な表現形式に依拠していることがわかります。

（2）セラピーにおけるアート

　セラピーにおけるアートを考える時に、飯森眞喜雄の記述からその根源をうかがい知ることができます。

> 　芸術療法の基本原理はわれわれが小さい時からやってきた表現活動の中にある。たとえば、はしゃぎながらやっている「なぐりがき」や、独り言をいいながらやっている空想の国の「おえかき」、夕闇が忍び寄るのも気づかずに夢中になってやっている「砂場遊び」、木漏れ日の綾なす光と影を舞台に飛び回っている「ごっこ」遊び、思春期にそっとノートを開いて記す「詩作」、といったものの中にこの療法の本質をみいだすことができよう。これらの活動は、その当時はむろんのこと大人になってからも気づくことはないが、われわれにとってかけがえのない成長の手立てであったのである。（飯森2000：「こころの科学」前文より）

　このような表現活動を考える時、これまで芸術療法をめぐって語られてきた「ことばにならない無意識の世界と現実の世界を行ったり来たりできるのが『アート』であろう」（神田橋1980）という考えは、アートに内在する治療的な可能性を示唆するものであると言えます。

3　人の発達の追求

（1）発達はいつまで続くのか

　人は一人で生まれ、一人で死んでいきます。大きな宇宙の摂理の中で、この地上に生まれ、一度しかない人生を歩んでいきます。さまざまな喜び、苦難に

出会いながら、一歩一歩、自分の人生を歩んでいきます。人生が終わる時、この一歩一歩が、確かな足跡として残っていたら、きっとそれは素晴らしい人生だったと思えるのではないでしょうか。自分にしかできない、自分の足跡を自分で創っていく過程、それが発達ではないでしょうか。

　自分一人では歩けないほど大変な時、おんぶして歩いてくれる人が必要になるのかもしれません。横を一緒に歩んでくれる人が必要なのかもしれません。たくさんの人と一緒に歩いたら楽しいのかもしれません。そんな「わたし」の足跡を確かにしていく過程が、E. H. エリクソンの言う生涯発達だと考えます。

　エリクソンは、人格発達理論の前提に次の三つをあげています（エリクソン1959, 1973）。

　① 人格は発達し続ける。
　② 発達の各段階において獲得すべき要因がある。
　③ 獲得すべき要因は、各段階における対立的な側面のバランスとして表現される。

　また、エリクソンは、ライフサイクルを八つに分け、形成されるものとその対立概念を次のようにあげています（エリクソン1959）。

　① 乳児期（信頼／不信）
　② 早期児童期（自律性／恥、疑惑）
　③ 遊戯期（積極性／罪悪感）
　④ 学齢期（生産性／劣等感）
　⑤ 青年期（同一性／同一性拡散）
　⑥ 初期成人期（親密さ／孤立）
　⑦ 成人期（生殖性／自己吸収）
　⑧ 成熟期（完全性／絶望）

　Co-Musictherapy モデルにおける発達観は、このような生涯発達の視点を軸

にしており、乳幼児から高齢者に至るまで、すべての対象者にこの発達理論を適用できることになります。人は死ぬまで発達できるからこそ、人と人との出会いを通して、さまざまな可能性が見つけられるのだと思います。

（2）人と人との関係

さて、人と人との間の関係を繋ぐために、私たちにはどのような発達が必要なのでしょうか。

S. フロイトは、人の発達を性的な要素によって段階づけ、精神・性発達理論を次のように五つの時期に分けて、自我発達を理解しようとしました。口唇期（0〜1歳6ヵ月）、肛門期（1歳6ヵ月〜3歳）、男根期（3歳〜5、6歳）、潜伏期（6、7歳〜11歳）、性器期（11、12歳以降）。

一方、R. A. スピッツ（1965）は、対人関係の理論として、母親を認識するまでの過程で、対象のない時期（0〜3ヵ月）、無差別微笑（3ヵ月）、ぼんやりとした対象関係の時期（3ヵ月〜8ヵ月）、8ヵ月不安（8ヵ月）の現象が見られ、その後、対象の区別がついていく母子関係理論を発展させました。

S. マーラー（1981）について、松井（1997）は、「マーラーは、乳児期の直接観察という視点では、スピッツの業績を引継ぎ、フロイトのリビドー発達論、クラインの乳児精神発達論を発展させ、独自の分離、固体化路線の発達を描いた」（松井1997, 2000：60）と述べています。マーラーは、母子関係を、正常な自閉期（0〜2ヵ月）、共生期（2〜6ヵ月）、分離固体化期（6〜36ヵ月）に分け、それぞれの時期の達成課題が、のちの人格形成に影響を及ぼすことを示唆しています。

D. W. ウィニコット（1979）について、松井は次のようにまとめています。「彼は、遊びを重視し、遊びの中に象徴される子どもの心性を読み取っていくことと、その中に現れる現実と幻想の中間対象、一者関係と二者関係の中間、対象関係を代理するものの役割等について論じた学者である。彼は、その中間的現象を移行現象と呼び、使われるものを移行対象と呼び、文化、芸術の世界も、移行対象としての意味を強調している」（松井2000：61）。

ここで、人と人との関係が作られるためには、乳幼児期に大切な時期があることに気づきます。どのような時期があるのでしょうか。

（3）身体と心の発達

ここで見落とすことができないのが、乳幼児の身体と心の発達です。人の身体発達を見ると、生後1年間を乳児期と呼び、この時期は劇的な変化を遂げる時期であると言われています。乳首を口に含むと吸い始める吸啜反射や把握反射、モロー反射などは、原始反射と言われ、生後3～5ヵ月くらいまで続きます。この反射は、目や耳で傾きを感じ取って垂直姿勢に戻ろうとする立ち直り反応や、空中でお腹を支えて持ち上げるとヒコーキのように全身を伸展させるランドゥ反射などの姿勢反応に変わっていくことになります。

姿勢反応を獲得した過程で、生後3ヵ月～4ヵ月には首が座り、5～6ヵ月には寝返りがうて、6～7ヵ月には座位がとれ、8～9ヵ月には立位がとれ、12～13ヵ月には歩行ができるようになるという、目覚ましい運動発達を遂げます。同時に、微細運動面の発達では、原始反射として見られた「手に物が触れると握る」という把握反射は、目と手の協応によるリーチングや随意的な把握へと変化していきます。この時期に特に使われている感覚を見ると、視覚、聴覚、各種の皮膚感覚、味覚、嗅覚などの感受性を増大させていっていることがわかります。

さらに身体リズムの発達も見られます。それは新生児期から生後3ヵ月位までの、子どもの眠りと目覚めの睡眠のリズム変化です。生後1ヵ月くらいまでは、昼夜問わず1時間半くらいで眠りと目覚めのパターンを繰り返します。その間は絶対的な受容によって、おしっこが出て不快であるとか、空腹であるなどの生理的な欲求が満たされていきます。生後3ヵ月くらいには、首の座りという身体的発達と共に、昼間起きて夜に眠るという昼夜のリズムを発達的に獲得していくことになります。発達と生活リズムとの関わりがここに見られます。

このような身体運動発達の順序性は、Co-Musictherapyにおける発達やリズムの視点としては欠くことのできないものです。

Co-Musictherapy で言われる「心身一元論」（荒木正見 1992b）の立場に立つと、身体と心という情緒や社会性の発達の領域は、見落とすことのできないものです。これに関連して特に興味深い私見を述べているのが、臨床心理士の山田幸代です。山田はこども音楽センターのセミナー講演の中で、「了解力」という新しい概念を提唱しました。乳・幼児期の発達検査として用いられている「遠城寺式・乳幼児分析的発達検査表」（遠城寺宗徳）を見ますと、1 歳児頃に「おいで」や「ちょうだい」などを理解している時期があるとされています。山田はこれに関連して「了解力」を次のように説明します。「生後 7 ヵ月頃に、『だめよ』や『にこにこ』の意味がわかるというような、感情を伴って、表情や言葉の抑揚などで、なんとなくわかるという広い概念」（山田 2001）。この力は、前述した通り、感受性を通して獲得されるものであることもわかります。Co-Musictherapy で行われる活動は、了解力の活動であると言っても過言ではありません。了解力こそ生きていくための力の源と考えているがゆえに、多感覚やリズムの重要性が臨床的に強調されているわけです。

（4）退行・再統合・エネルギー

　フッサール現象学（荒木 1992a : 40-46）を基点とし、フロイト、ユングなどを組み合わせて人格発達を捉える視点に、「退行」「再統合」「エネルギー」という考えかたがあります。哲学者である荒木正見は、人格発達の観点から「退行」「再統合」「エネルギー」のダイナミズムを有効に生かして生きていくことが、高いレベルでの人格発達につながると述べています（荒木 1992 : 50-57）。荒木は、退行によって意識と無意識の境界が曖昧になる時、「エネルギー」を量的に満たしたり、エネルギーの浪費が少なくなるように質的に整えたりすると、意識と無意識が溶け合って、より高い再統合の人格発達ができると述べています。これは、先に述べた「表現」「人と人との関係」や「身体と心の発達」とつながるものであり、神田橋の言う「技芸」という言葉を使うなら、技芸を行う行為そのものが、適応的な退行を促しやすいものであると考えることができます。

（5）認知すること

　さて、身体や心の発達と同様に大切な視点に認知の発達があります。乳幼児期は、身体や心や物事を認知することが一体となって発達していることがわかります。J. ピアジェの認知発達論では、人の発達が感覚によって養われ、認識へと発達することが提唱されています。ピアジェの認知論では、生後 2 歳までの感覚運動の段階と、それ以降の概念的知能の段階が大きく 2 つに分けられ、反射の段階からシェマの形成、さらに前操作的段階や具体的操作段階、形式的操作段階に至る精神発達の段階が記されています。ここに、認知のプロセスを見ることができます。

　特に手指の操作は、認知発達と密接に関わっていることがわかります。把握反射から始まった手指の発達は、生後 3 ヵ月頃には親指が外に出た把握へと変わってきます。そして生後 4 ～ 5 ヵ月ころになると「あった！」という目の輝きをみることになります。子どもが初めてのおもちゃである自分の「手」に気づいた瞬間は、「これは何だろう」という感動の瞬間であり、それ以降は、「これは何だろう」という疑問と同時に、手指がそれを確かめる道具として使われ、遊びながら物事を認知していくことになります。ピアジェは、このような過程を「同化と調節」という言葉で説明しています。滝沢武久は、次のようにピアジェの「同化と調節」をまとめています。「子どもの行動の中で、対象者を自分にあうように変化させて、自分の内部に取り入れようとする〝同化〟の働きが優勢になる時に遊びが出現し、対象が自分に合わない時に、自分の方をその対象に合わせようとする〝調節〟の働きが優勢な時に模倣が出現する。同化と調節の間を揺れ動きながら、次第に同化と調節の均衡化が実現されていく」（滝沢武久 1995: 489）。

　Co-Musictherapy では、遊びや模倣は技法として重視されるものであり、遊ぶことと認知することが密接に関係していることがわかります。

(6) 全体性

　これまで述べてきた「人の発達の追求」という視点の最後に、発達を保障するための時空間について考えてみましょう。Co-Musictherapyにおいては、第5章に示されているように、セラピー全体が自然なリズムで構成されていました。緊張・弛緩という呼吸にも似たリズムによるセラピーと言えます。その時空間で、対象者によって表現されるいかなるものもセラピストによって受け入れられ、その対象者が社会の中で生きていきやすくするために、発達や表現の次の方向性が示されるものでした。いかなる表現をも受け入れられる環境を、ウィニコット（1979）は発達的な視点からholdingと呼んでいます。新生児期の絶対的依存の時期を呼ぶ場合と、メタファーとして場をホールドしたりする場合にも使われたと言われています（橋本雅雄1995：79）。

　松井は治療空間について次のように語っています。「様々な芸術の中で、音や音楽ほど瞬時にホールドされた空間を創り出せるものは他にない。音楽は短時間の内に共生体験ができることが特徴である。マーラーの発達論を使うと、一者関係から二者関係へ対象関係が移る時に、音や音楽は正に移行対象として存在している」（松井2002：Co-Musictherapy講演）。セラピー初期のホールドされた空間がラポール形成に有効であることや、保障された空間によって自己表現が拡がるということについては、私もこれまでに臨床的な検証を行ってきました（山下1990, 1995, 1998）。

　このように、音や音楽によって創り出される空間が、安心できる場であり、みずからの発達や表現が保障される場であることは、Co-Musictherapyにとって非常に大切な視点であると言えます。

4 技法論

(1) 同質

「あれ、あなたが一緒にいたの」「何かくっついてくる」——これは、ドラム同質と、動きと音の活動を初体験した時の私自身の感想です。なぜこのような感覚になるのでしょうか。

I. アルトシューラーが、同質の原理を提唱して以来、同質という概念が音楽療法の一つの理念として語られてきています。アルトシューラーは、精神科領域において最初に与える音楽は、クライエントの気分、テンポに同質の音楽であるべきだと述べました（アルトシューラー 1954）。選曲された音楽とクライエントの気持ちが一致することを、アルトシューラーは、同質と呼んでいます。松井は、適応水準という概念を使い、対象者の適応的な行動のための水準を図式化しています（松井 1980：37）。対象者の気持ちや発達的な水準と一致させる点では、同質は、臨床的に有効性を示していると考えられます（アルトシューラー 1954、山松質文 1984、村井 2001、松井 1985）。

Co-Musictherapy では、対象者の持つ呼吸、動き、テンポ、リズムに合わせる〈同質〉からセラピーが出発します。技法としては、ドラム同質、動きと音の同質や、音と一緒に描くこと（音絵）、そこから生まれるイメージや動きや呼吸の同質など、多くの同質の場面や瞬間を生み出すことがセラピーの出発点になっています。ここでも、音や音楽の持つ多感覚性が、同質場面を容易に可能にしているということができます。見て一緒であったり、聴いて一緒、触れて一緒、揺れて一緒、感じて一緒であったりしていました。多感覚を軸にすると、さまざまな同質の可能性を見出すことになります。

(2) 即興

　私には、忘れられない即興場面があります（以下〈3人の即興演奏場面〉とします）。知的障害児のグループ・セッションの即興演奏の場面でした。5歳のJ君、H君、セラピストの3人で、太鼓による即興演奏を行っていました。H君は太鼓の前に立ってはいるものの、なかなか音を出すことができません。後ろを向いたり、横を向いたり、マレットを振り回したり、待てども待てども一打は聞かれません。その間J君はH君を見ながら、一生懸命音を出しています。時には横に行ってたたいたり、小さく、または大きくたたいたり、言葉を持たないJ君ですが、太鼓で「H君おいでよ、楽しいよ、一緒にたたこう」と語りかけているように私には聞こえました。

　セラピストがH君を誘いかけている間、J君も一生懸命H君を待っていました。もうギリギリだな、と思ったその時、H君がドンと一打たたきました。待ってましたとばかりに、3人で一緒に太鼓に向かいました。その3人が一緒に終わった瞬間、H君はキラリと輝く目で2人を見つめました。3人が音で繋がったと感じた瞬間でした。数秒の沈黙の後、それを見ていた保育士や母親たちから、あふれんばかりの拍手が生まれました。3人だけでなく、そこにいた皆が繋がった瞬間だったのかもしれません。

そんな場面を創り出してくれるのが即興の技法です。果たしてどんな要素がこの体験の中にあるのでしょう。

エヴァン・ルードは、音楽的即興の記述と実践に関する理解を助けるモデルとして、言語学者のローマン・ヤコブセンのモデルの有効性を見ています（ルード 1992：94）。その趣旨を図式化すると**図1**のようになります。

このヤコブセンのモデルに、先ほどの〈3人の即興演奏場面〉を重ねてみると、次のような3つの意味が生じたことがわかります。

〔J君にとっての意味〕

1）セラピスト（発信者）はJ君（受信者1）に、H君と3人で一緒に太鼓をたたこうというメッセージを送る。

2）J君は、H君（受信者2）がたたいてくれるまで、自分はたたきながら待っているほうがよいと判断してたたき続ける（コンテクスト）。

3）H君が一緒にたたいてくれたこと（コンタクト）で、セラピストとJ君、H君は「一緒だったよね、楽しかったね」という心理的な繋がりを体験する。

4）太鼓をたたく場面は、人と人とが繋がる場面という意味を持つ（コード）。

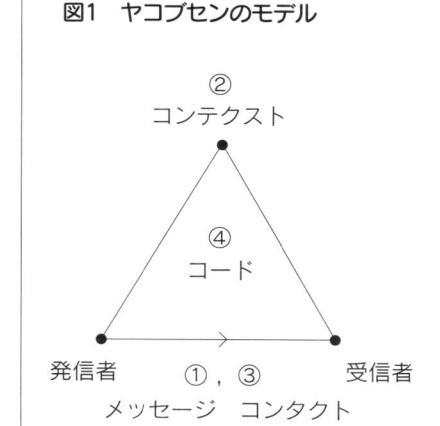

図1　ヤコブセンのモデル

②コンテクスト
④コード
発信者　①，③　受信者
　　　メッセージ　コンタクト

① 発信者が受信者にメッセージを送る。
② メッセージが何ものかを指し示していることを認識している。これをコンテクスト（文脈）と呼ぶ。
③ コンタクト（接触）によって、発信者と受信者を結ぶ物理的な通路と心理的な結合を考える。
④ コードは、メッセージを構成する共有された意味の組織。

〔H君にとっての意味〕
　1）セラピスト（発信者1）とJ君（発信者2）は、H君（受信者）に3人で一緒に太鼓をたたこうというメッセージを送る。
　2）H君は、セラピストとJ君から、自分も一緒にたたこうと勧められていることに気づく。勇気を出そうとしている（コンテクスト）。
　3）H君は勇気を出してたたいてみると、すぐに皆と一緒にたたき始め、（コンタクト）楽しい体験であることに気づく。
　4）太鼓をたたく場面は、人と人とが繋がる場面という意味を持つ（コード）。

〔保育士・母親たちにとっての意味〕
　1）セラピスト（発信者1）は、保育士と母親たち（受信者）に、二人の持っている力を信じたいというメッセージを送る。
　2）何かが起ころうとしているこの場面を、息をのみながら、頑張ってほしいという願いを持って見つめる（コンテクスト）。
　3）3人でたたき出した場面を見て、嬉しさを感じ、一緒に終えた瞬間には、感動をおぼえる（コンタクト）。
　4）太鼓をたたく場面は、人と人とが繋がる場面という意味を持つ（コード）。

　この即興において、この場にいたそれぞれの人たちの意味のプロセスは異なっていたと考えられますが、結果として生じたコードは、すべてに共通であったことがわかります。
　ブルーシア（1999）は、「即興は発案することであり、自発的であり、機略縦横であり、音楽を創ることと演奏することが同時に進行する。音楽療法士は芸術として最高の質と美しさを持つ音楽を即興しようと努めるが、クライエントの即興は、それが音楽的であっても単なる音のフォルムであっても、また、芸術的・審美的価値のあるなしに関わらず、どんなレベルのものであれ、セラピストによって受け入れられる」（ブルーシア、1999：8-9）と述べています。ヤコブセンの言う、発信者と受信者との間で行われる即興は、セラピーにおける

両者の関係性がより重視されることになります。ここで言われたコンタクトの方法が音や音楽であり、人の発達の追求の頁で述べた音の共生感や移行対象によってコードが発生しやすいと言えます。

　この視点に加え、通常、即興が行われる場合は、即興を行う人たちは、あるモデルに依拠して即興を行うことになります（ブルーシア1999：12）。ノードフ＝ロビンスの創造的音楽療法のモデルやジュリエット・アルヴァンの自由即興演奏療法のモデル、プレーストリーの分析的音楽療法のモデルなど、多くのモデルが即興を支える骨格となっています。松井（1995：48-72, 2000）は、**表1**のような〝BED-MUSIC〟を、即興を支える技法として用いています。

　松井は、クライブ・ロビンスとの対談において、即興モデルのセラピー的な意義を、〝BED-MUSIC〟によって分析する試みを行っていますが、即興モデル理解の一つの物差しとして〝BED-MUSIC〟は確かに有用性を持つものと言えます（Robbins・松井 1998）。さらに松井は精神療法としての音楽の活用法として〝BASIC TONE〟（**表2**）を用い、臨床的に即興的音楽活動の治療的意義を明らかにしています（松井 2001）。

表1　松井紀和の提唱する〝BED-MUSIC〟

B：	Background music	背景音楽
E：	Echo-Technique	反響技法
D：	Dialogue	対　話
M：	Modeling	モデリング
U：	Unaccomplished-Technique	未解決技法
S：	Stimulative-Technique	刺激技法
I：	Iso-Technique	同質技法
C：	Call-Technique	呼びかけ技法

表2　松井紀和の提唱する〝BASIC TONE〟

B：beating　　　　　　　　　リズム打ち
A：association　　　　　　　連　想
S：story construction　　　　物語構成法
I：imitation　　　　　　　　模　倣
C：communication　　　　　音による交流
T：touching each other　　　身体接触
O：observing others　　　　他者の観察と表現
N：non-structured ensemble　約束ごとのない即興合奏
E：effective B. G. M.　　　　効果的背景音楽

　即興をめぐる、このようなモデルのうち、Co-Musictherapyモデルと共通性が見られるのは、オルフの即興モデルと思われます。中島恵子がミュンヘン小児センターでゲルトルート・オルフに師事していたこともあり、Co-Musictherapyモデルの根幹には、オルフの即興モデル（ブルーシア 1999：284-347）があると考えられます。ミュンヘンに生まれた作曲家・音楽教育家カール・オルフによって構案された新しい教育理念は「オルフ・シュールベルク」と呼ばれ、その根本概念として、人間の内部にあるシンプルで純粋で自然な音楽的衝動に属するスキルの調和の源を示す「エレメンタル・ムジーク」があります。オルフの教育理念においては、音楽が、動き、ダンス、話し言葉と関連を持ち、動きと即興演奏とリズムの統合の重要性を主張されます。ブルーシアは、オルフの即興モデルの特色を次のように述べています。「エレメンタルな音楽は、多感覚的、創造的、個人的で、遊びに溢れていて、また、自発的であるので、柔軟性があり、個人差や集団差に適合させることができる」（ブルーシア 1999：286）。
　このようなオルフの即興モデルは、Co-Musictherapyで用いられる即興技法の根幹にあると言えます。先に述べた〈3人の即興演奏場面〉も、オルフの即興モデルの特色に当てはまるものと言えるでしょう。

さて、Co-Musictherapyモデルにおける即興は、まず音と音によって、一瞬であっても、人と人とが繋がるという体験を目指します。次に、人と人との関係性の中で、呼吸を出発点にして、音と音の対話を行うことで、共有空間が産み出され、リズムやテンポが作られていくことになります。点は線になり、線は面になるという発達の方向性と、即興のプロセスに共通点を見出す点が、このモデルの独自性と考えられます。

（3）遊び

　ここで、Co-Musictherapyモデルによってセッションを行ったあとの感想や、セラピー・ルーム入室直後に聞かれる声をいくつか挙げてみましょう。
「今日は遊んだなあ」「10歳若返りました」「楽しかった！」「頭がすっきりしました」「あっと言う間に時間が過ぎました」「いろいろと趣向を凝らして下さって……またお願いします」「先生、今日は何するの？」「何して遊ぶ？」「今日はあれしようよ」「今日、何持ってきた？」
　これらの言葉から、Co-Musictherapyのセッションは、対象者にとっては苦痛の時間ではなく、遊びとして機能していることがわかります。
　私自身、Co-Musictherapyを体験して感じることは「思わず遊んじゃったー」という感覚です。前で述べた表現や即興においても、「遊び」は重要なキーワードとして存在していました。ここでは遊びの概念について考えてみます。「思いがけず、思わず遊んでしまう」という感覚に、一体何が含まれているのでしょうか。
　R. カイヨワ（1970 : 13-14）は、「遊び」を、① 自由な活動、② 分離した活動、③ 不確定の活動、④ 非生産的な活動、⑤ ルールのある活動、⑥ 虚構的活動と定義し、さらに、競争、偶然、模擬、眩暈の四つの役割を挙げて、遊びの分類を提案しています。
　ウィニコットは、精神分析療法における根本的に重要な要素の一つは遊びの概念であると述べています。「精神療法が二つの遊ぶことの領域、つまり、患者の領域と治療者の領域が重なり合うことで成立する。精神療法は一緒に遊ん

でいる二人に関係するものである。以上のことの当然の帰結として、遊ぶことが起こり得ない場合に、治療者のなすべき作業は、患者を遊べない状態から遊べる状態へ導くように努力することである」(ウィニコット 1979：53)。

「思いがけず遊んでしまう」感覚を体験してもらうために、セラピストは、遊びの要素をふんだんにセラピーに盛り込んでいるのです。遊びこそ、人間の成長・発達のエネルギー源と考えているからです。そして、遊びという行為は、次に述べるコミュニケーションの方向へ向いていることもわかります。

(4) コミュニケーション

さて、技法としてCo-Musictherapy活動のすべてを包括するものがコミュニケーションとなります。Co-Musictherapyでは、セラピーで行われたことが日常生活に般化するという視点を用いています。つまり、社会の中で生きていきやすくするために必要なスキルを、音楽を通して身につけていくことになっています。その基礎には、人と人とが「繋がる」というコミュニケーションの視点が重視されています。松井（2001）は、般化のメカニズムを「生活の音楽化」と「音楽の生活化」という言葉で定義づけしています。

やまだようこは、言葉を発する意味を次のように記します。「もし自分の見たものを母親に一緒に見てほしい、自分の驚きや喜びをこの人と分かち合いたいという気持ちがなかったとしたならば、ことばはいらないであろう。ことばは他の人と気持ちを響きあわせ、伝え、人と人とをむすびつけるコミュニケーションの媒体である。相手に話しかけることばが生まれるためには、コミュニケーションできる人間関係、つまり共に語り合うことができる人と人との間がらがつくられなければならない」（やまだ 1987：2）。

また J. S. ブルーナー（1988）は、母子の相互伝達のメカニズムを解明しています。ブルーナーは特に、言語を用いて他人との共同注意（joint attention）と共同動作（joint action）をいかに達成するかということをテーマにしています。ここで、前言語的な段階から言葉の使用へと移行するメカニズムを解明するための4つのキーワードを紹介しましょう。第1は「フォーマット」です。これ

は、大人と子どもによる共同行為の構造を言います。第2は「ルーティン」です。これは、行為の連続のことを言います。第3は、「スクリプト」です。これは、行為を続けていると、それが内的な知識となるもののことを言います。つまり、ルーティンによって定着し知識化したもののことを言います。第4は、「リカスト」（recast）です。これは、改鋳する・作りなおす・配役を変えるといった意味がありますが、子どもが言った言葉に付け加えたり、言い換えたり、縮小したりすることとされています。

　これらの行為は、Co-Musictherapyでは、すべて音や音楽の中で行われていることです（山下1990, 1995, 1998）。セッションではまず、音や音楽で伝え合うことによって、対象者とセラピストとの間に「フォーマット」作りを行います。音や音楽は瞬時に共生的な関係を作りやすいので（224頁「(6)全体性」を参照）、このフォーマット作りは、音や音楽を用いるがゆえに容易に可能になると言えます。即興の技法で述べた、〈三人の即興演奏場面〉においても、3人が一緒にたたいた数秒間で、瞬時に共生的な関係ができあがったことがわかります。これは3人による即興でしたが、Co-Musictherapyの主要なアプローチである、1対1で行う〈ドラム同質〉は、まさにフォーマット作りの第一歩であることがわかります。言葉による共同注意（joint attention）と共同動作（joint action）の前段階を実現するには、〈ドラム同質〉が有効性を示すことがよくわかります。

　これまでにも述べてきたように、セラピー開始当初は、〈ドラム同質〉でしかコミュニケーションを持てなかった対象者は、次第に、動きと音の場面でも繋がることができるようになっていきます。一つしか持っていなかったフォーマットが二つのフォーマットへと変化し、それがルーティンとなり、スクリプトへと変化していきます。音や音楽でのヴァリエーションが増えてゆく過程で、セラピストは音や音楽によるリカスト、つまり介入を行い、フォーマット、ルーティン、スクリプトの数を増やしていくことになります。

　これがCo-Musictherapyの「日常生活への般化のメカニズム」であり、音や音楽によるコミュニケーション技法が、言葉の前の言葉として機能する有効性を見出せるでしょう。

5　Co-Musictherapyを解く

　これまでCo-Musictherapyモデルを、音楽観、表現、人の発達の追求、技法論という四つの視点で解いてきました。こうしてCo-Musictherapyを解きながら、私が最も強く感じたことは、理論が先にあってモデルができたのではないということです。あくまでも現場の臨床から生まれたモデルであるということです。モデルを作った人のバックグランドや精神性をぬきにして、モデル実施上の方法論のみが先走った場合、それは、木に例えると、枝葉のみを見ていることになるのでしょう。木の根や木の幹を見てこそ、その枝や葉や花のことがわかるのだと思います。

　Co-Musictherapyを他の諸理論と比較考察していく過程で、私は、網の目のようにきっちりと結び合わさっていく手ごたえを感じました。これまでに述べた四つの視点から見えてくる共通のテーマは、どのようにしたら人間が豊かに生きていけるかということでした。さまざまな領域にまたがる多感覚アプローチであるCo-Musictherapyは、他の諸理論にもまして、豊かな生を目指すモデルであることも実感できたように思います。ミュージック・セラピーは、やはり、それ自体が目的なのではありません。人が豊かな生を目指して歩んでいくための手段にすぎないのです。

　喜び、悲しみ、怒り、すべての感情を受けとめつつ、対象者にとっての豊かな生を目指して共に歩む人がセラピストでしょう。そして、共に歩んでいくプロセスがセラピーなのだと思います。セラピストとは、一生「わたし」が問われ続ける仕事のようです。

　遊びながら即興で生み出していくCo-Musictherapy。次に出会う方とは、一体どんなものが生まれてくるのでしょう。さあ、あしたはどんな出会いがあるのでしょうか。

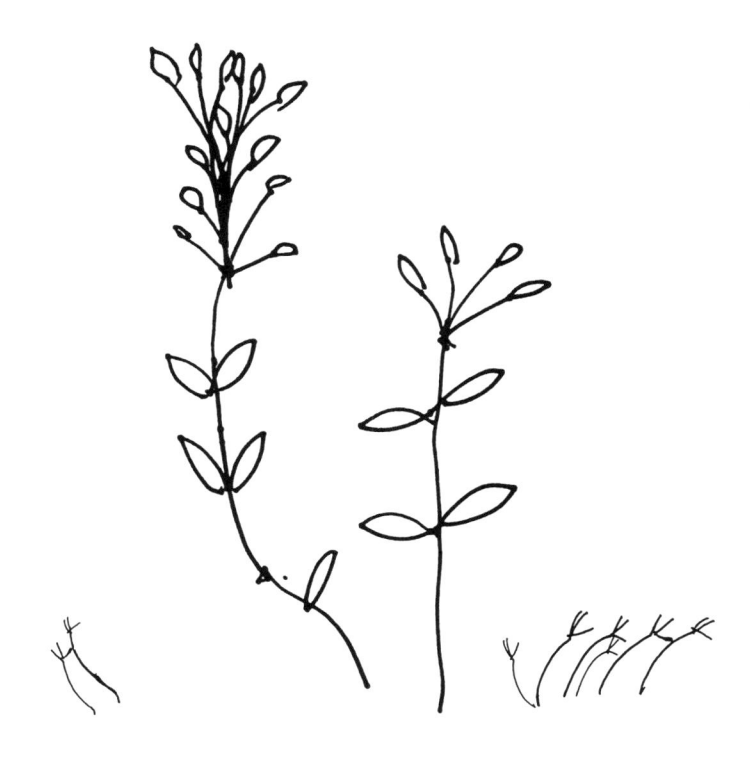

エピローグ

エピローグ

　楽しい音楽を使って、なんとなく楽しいことができるのではないか、音楽には癒しの力があるから……と、セラピーの世界に足を踏み入れる人がいるかもしれません。ミュージック・セラピストを目指して歩み出す道の入口となるのは、その人なりのさまざまな想いからでしょう。しかし、対象者に出会っていく中で、その自分をしっかりと立て、そして、自分自身を発達させていかなければならないことに気づいていきます。
　Co-Musictherapy は、音や音楽の前にいる人々、対象者、その周囲にいる親や介助者、セラピスト自身の姿までも映し出していきます。その映し出された姿に向き合うには勇気が必要となることも多いでしょう。逃げ出したくなることもあるでしょう。しかし、そうした自分と出会うことで対象者と出会うことができるようになるのです。自分の「生」の意味と、対象者の「生」の意味を常に考えたいと思います。
　瞬間瞬間に音で出会い、音楽の中で関係を暖め、そして共に一生の発達を支え合っていく人の姿を、この Co-Musictherapy は、その出会いから発達の過程や喜びまでをすべて含むことができると言えるかもしれません。それだけにセラピストは音や音楽の世界を深く体験する必要があるのです。まだまだ学び続けていかなければなりません。まだまだ学び続けることができるこの世界だから、大きなセラピーの可能性を感じ、また、楽しいのだと思います。
　セラピーにおいては、形のみを追うのではなく、モデルを学びながら、自分自身で音や音楽を感じ、対象者と出会うことを通じて、自分の Co-Musictherapy を展開していくことが求められます。「自分」とセラピーを結びつける Co の力を信じて、日々新たな呼吸を生み出していきましょう。対象者に向かい、呼吸

をしているのは「自分」なのですから。
　音は、たくさんの驚きや楽しみがあるよ、と教えてくれるでしょう。音楽は、たくさんの慰めや喜びがあるよ、と教えてくれるでしょう。たくさん遊んでみましょう。創ってみましょう。はらっぱに始まり、はらっぱに帰り、そして、また、今日もはらっぱから始まります。

引用・参考文献および楽譜

荒木正見『現象としての人格発達』福岡：中川書店，1992年。
荒木正見「心身一元論とスポーツアドバイス」，『文化とセラピー』第2号所収，山口：こども音楽センター，1992年。
アルトシューラー（Altshuler, I. M.）"The Past, Present and Future of Musical Therapy." In *Music Therapy*. ed. by Podolsky, New York: Philosophical Library, 1954.
飯盛眞喜雄「芸術療法」，『こころの科学92』所収，東京：日本評論社，2000年。
ウィシャート，トレヴァー（Wishart, Trevor）『音あそびするものよっといで1』坪能由紀子，若尾裕訳　東京：音楽之友社，1987年。
ウィニコット，ドナルド『遊ぶことと現実』橋本雅雄訳　東京：岩崎学術出版社，1979年。（Winnicott, Donald. W. *Playing and Reality*. London: Tavistock Publications Ltd., 1971.)
牛島定信，北山修編『ウィニコットの遊びとその概念』東京：岩崎学術出版社，1995年。
エリクソン，E. H.『自我同一性』小此木啓吾訳　東京：誠信書房，1973年。（Erikson, E. H. *Psychological Issues: Identity and the Life Cycle*. International Universities Press, 1959.）
オルフ，ゲルトルート（Orff, Gertrud）*Die Orff-Musiktherapie : Aktive Förderung der Entwicklung des Kindes.* Frankfurt am Mein : Fischer Taschenbuch, 1987.（初版はMünchen : Kindler Verlag GmbH, 1974.）（邦訳『オルフ・ムジークテラピィ―― 活動的音楽療法による発達援助』丸山忠璋訳　東京：明治図書，1992年。）
オルフ，ゲルトルート　*Schlüsselbergrriffe der Orff-Musiktherapie Weinheim.* Basel : Beltz, 1984.
オルフ，ゲルトルート　"Musiktherapie." In *Fortschritte der Medizin* 1973, 91. Jahrgang, No.5.
カイヨワ（Caillois, Roger）『遊びと人間』清水幾太郎，霧生和夫訳　東京：岩波書店，1970年。
神田橋條治「芸術療法をこうみる」　山中康裕，徳田良仁編『芸術療法講座2』所収，

東京：星和書店，1980年。

鯨岡峻『原始的コミュニケーションの諸相』京都：ミネルヴァ書房，1997年。

クーパー，G. W., L. B. マイヤー『新訳 音楽のリズム構造』徳丸吉彦，北川順子訳，東京：音楽之友社，2001年。(Cooper, Grosvenor W.; Meyer, Leonard B. *The Rhythmic Structure of Music*. Chicago: The University of Chicago Press, 1960.)

シェーファー，R. マリー（Schafer, R. Murray）『サウンド・エデュケーション』鳥越けい子，若尾裕，今田匡彦訳 東京：春秋社，1992年。

スピッツ（Spitz, Rene A.）『母－子関係の成り立ち』古賀行義訳 東京：同文書院，1965年。

滝沢武久「同化と調節」，『発達心理学辞典』所収，京都：ミネルヴァ書房，1995年。

田中正人『乳児の発達診断入門』東京：大月書店，1985年。

中島恵子「Co-Musictherapy」，『文化とセラピー』第1号所収，山口：こども音楽センター，1991年。

中島恵子「リズムアプローチの実際と子どもの発達との関係について」，『文化とセラピー』第2号所収，山口：こども音楽センター，1992年。

中島恵子「ドラム同質奏法を中心とした音——音楽療法の可能性について」，『音楽療法研究』第4号所収，東京：臨床音楽療法協会，1999年。

中島恵子，中島正和「Group Co-Musictherapy」，『文化とセラピー』第1号所収，山口：こども音楽センター，1991年。

中村雄二郎『哲学の現在』東京：岩波書店，1977年。

橋本雅雄「ウィニコットの早期精神発達理論について」，牛島定信，北山修編『ウィニコットの遊びとその概念』所収，東京：岩崎学術出版社，1995年。

波多野完治『ピアジェの発達心理学』東京：国土社，1965年。

波多野完治『ピアジェ入門』東京：国土社，1986年。

バーバラ，M. ニューマン，フィリップ R. ニューマン『生涯発達心理学』福富護訳 東京：川島書店，1988年。

ペインター，ジョン『音楽をつくる可能性』坪能由紀子訳 東京：音楽之友社，1994年。(Paynter, John *Sound and Structure*. Cambridge: Cambridge University Press, 1992.)

ペーターセン，ペーター（Pertersen, Peter）「芸術家としての治療者——治療としての芸術」，デッカー＝フォイクト編，阪上正巳訳『音楽療法事典』所収，東京：人間と歴史社，1999年。

ブラッキング，ジョン『人間の音楽性』徳丸吉彦訳　東京：岩波書店，1978年。
（Blacking, John *How musical is man?* Washington: The University of Washington Press, 1973.）

ブルーシア，ケネス・E.『即興音楽療法の諸理論（上）』林庸二監訳　東京：人間と歴史社，1999年。（Bruscia, Kenneth E. *Improvisational Models of Music Therapy.* Springfield: Charles C Thomas Publisher, 1987.）

ブルーシア，ケネス・E.『音楽療法を定義する』生野里花訳　東京：東海大学出版会，2001年。（Bruscia, Kenneth E. *Defining Music Therapy. Second Edition.* N. N.：Barcelona Publishers, 1998.）

ブルーナー，ジェローム・サイモアー『乳幼児の話しことば──コミュニケーションの学習』寺田晃，本郷一夫訳　東京：新曜社，1988年。（Bruner, Jerome Seymour *Child's Talk: Learning to Use Language.* Oxford: Oxford University Press, 1983.）

マーラー，マーガレット他『乳幼児の心理的誕生──母子共生と固体化』高橋雅士，織田正美，浜畑紀訳　名古屋：黎明書房，1981年。（Mahler, Margaret S.；Pine, Fred；Bergman, Anni *The Psychological Birth of the Human Infant.* New York: Basic Books Inc., 1975.）

松井紀和『音楽療法の手引──音楽療法家のための』東京：牧野出版，1980年。

松井紀和『音楽療法の実際──音の使い方をめぐって』東京：牧野出版，1995年。

松井紀和，宇都宮真富編『精神科看護を考える　Q＆A』東京：牧野出版，2000年。

松井紀和，山口勝弘「精神療法における音楽療法の臨床的意義と応用に関する研究」，『厚生科学研究費補助金障害保健福祉総合研究平成10年度研究報告書』所収，東京：厚生労働省，1999年。

松井紀和，山口勝弘「精神療法における音楽療法の臨床的意義と応用に関する研究　その2」，『厚生科学研究費補助金障害保健福祉総合研究平成11年度研究報告書』所収，東京：厚生労働省，2000年。

松井紀和，山口勝弘「精神療法における音楽療法の臨床的意義と応用に関する研究　その3」，『厚生科学研究費補助金障害保健福祉総合研究平成12年度研究報告書』所収，東京：厚生労働省，2001年。

村井靖児「慢性分裂病患者のMental Tempo」，『慶應医学』第61巻4号所収，東京：慶應大学医学部，1984年。

村井靖児『精神療法における音楽療法をめぐって』東京：音楽之友社，2001年。

山下恵子「音と音楽を用いたコミュニケーションの成立過程について」、『松井紀和先生還暦記念論文集』所収，山梨：日本臨床心理研究所，1990年。

山下恵子「ミュージックセラピーの治療効果について（1）——広汎性発達障害（自閉傾向）児の事例を通して」、『宮崎女子短期大学紀要』第21号所収，宮崎：宮崎女子短期大学，1995年。

山下恵子「精神科病院デイケアにおける集団音楽療法の実践」、『音楽療法研究』創刊号所収，東京：臨床音楽療法協会，1996年。

山下恵子「音楽療法の治療的効果に関する一考察——ある全体的発達遅滞児の事例を通して」、『音楽療法』第8号所収，山梨：日本臨床心理研究所，1998年。

山下恵子，安東末廣「虐待を受けた幼児の施設での援助過程——臨床心理士を中心としたグループアプローチ」、『宮崎大学教育学部教育実践研究指導センター研究紀要』第5号所収，宮崎：宮崎大学，1998年。

山下恵子，安東末廣「被虐待児の臨床的援助に関する研究——施設における2つの援助ケースの検討」、『宮崎大学教育学部教育実践研究指導センター研究紀要』第6号所収，宮崎：宮崎大学，1999年。

山下恵子，安東末廣「被虐待児の援助構造の検討——音楽療法の目的と位置づけ」『宮崎大学教育文化学部教育実践研究指導センター研究紀要』第8号所収，宮崎：宮崎大学，2001年。

やまだようこ『ことばの前のことば——ことばが生まれるみちすじ1』東京：新曜社，1987年。

山松質文『障害児のための音楽療法』東京：大日本図書，1984年。

ラドシー，ルードルフ他『音楽行動の心理学』徳丸吉彦，藤田芙美子，北川順子訳 東京：音楽之友社，1985年。（Radocy, Rudolf E.; Boyle, J. David *Psychological Foundations of Musical Behavior*. Springfield: Charles C. Thomas, 1979.）

ルード，エヴァン（Ruud, Even）『音楽療法——理論と背景』村井靖児訳，東京：ユリシス・出版部，1992年。

ロビンズ，クライヴ（Robbins, C），松井紀和「対談 音，音楽の役割——音楽の力と子どもの発達」、『'98国際音楽療法長良川セミナー』所収，岐阜：岐阜県音楽療法研究所，1998年。

◎楽譜

中島恵子「Kan and Bin No.1」「音声アンサンブル（その１）」「○のはなし」，いずれも『中島恵子　はらっぱde楽譜集』所収，山口：こども音楽センター，1998年。

おわりに

　2002年1月12日から13日の2日間、こども音楽センター・Co-Musictherapy研究所に松井紀和先生をお迎えして、スーパービジョンを初めて開催しました。Co-Musictherapyモデルを利用した、幼児から高齢者に至る臨床の場での実践ケースに対して事例研究を行い、先生のご指導をいただくことができました。

　実は、私は20年前に、当時山梨市の日下部病院の院長でいらっしゃった松井先生をお訪ねしました。当時、音楽大学を卒業後、OLをしながらも、音楽を使ったセラピーの仕事をしたいと思っていた私は、国立武蔵病院の丹野修一先生に出会うことができました。先生のお人柄と確かな作曲技法、セラピーとしての音楽の機能の分析力に多くを学びました。その丹野先生に、松井先生を訪ねることを勧められ、山梨へ向かったのです。松井先生をお訪ねしてしばらくして、先生が足立区の心身障害児通園施設、うめだ・あけぼの学園に講演に行かれるという話を聞き、私は学園を訪ねました。それをきっかけにして、私はこの学園に就職することになり、この仕事の第一歩を踏み出すことになりました。

　あけぼの学園の園長、故ペトロ・ハイドリッヒ神父には、たくさんの教えを与えていただきましたが、その後、ドイツへミュージック・セラピーを学びに行くことを勧められました。そうして1983年から2年間、ドイツのミュンヘン小児センターのゲルトルート・オルフ女史のもとで学ぶ機会を得たのです。帰国後、私は郷里の山口に戻り、現在のこども音楽センターを設立しました。

　オルフ女史は2000年5月に帰らぬ人となりましたが、虫の知らせからか、私は、亡くなる3ヵ月前に彼女をミュンヘンの高齢者施設に訪ねていました。そこで私は、「目が黒いね。黒がきれいね。ちゃんと間違えなく来られました

か？　間違えなく来られましたか？」と繰り返す恩師と再会したのです。「ああ良かった、また会うことができて。今からもう一度オルフ先生に出会い直そう」と思い、帰国して間もなく、訃報を受けとることになったのでした。

　2001年10月、オルフ女史を記念するシンポジウムがミュンヘン小児センターで開催されました。私はこれまでの臨床経験から学んだことを「Co-Musictherapyにおける音・音楽の可能性」というタイトルで講演し、ワークショップを行いました。本当につたないドイツ語でしたが、想いは言葉を越えて伝わることを確信できる結果となり、多くの仲間と「繋がる」ことのできた喜びでいっぱいでした。そして今年、今度は、Co-Musictherapy研究所に集まる仲間たちのところへ、私がこの仕事へ入るきっかけとなる言葉をくださった松井先生を迎えることができたのです。

　長々とお話ししたのは、こうしたことすべてが、今の私につながっているように私には思えるからです。長い年月をかけて、次第につながっていったというほうが良いでしょうか。私は、これまでに出会ったすべての人に育てられて、ここまでたどり着いたような気がするのです。

　先日、CDつきの絵本を作りました。知的障害があり目もあまり見えない「こうちゃん」を主人公にした全3巻の絵本です。いつものセラピーに並行して、時間と駆けっこをしながら創ることになったのには理由がありました。命の限りが近いことを知ったこうちゃんのお母さんが「こうちゃんに何か残したい」と始まった絵本作りだったのです。病院のベットの上で、こうちゃんのことを語るお母さんは、いつも笑って生き生きとしているように私には見えました。元気になっていくように見えました。そして、夏を越えることができないと医師に言われていた期限を、この絵本を創ることで、秋を越え冬を迎えるまで伸ばし、そして完成した3巻の絵本を胸に旅立っていきました。こうちゃんを残し、旅立っていきました。

　絵本にCDをつけることを考えたのは、こうちゃんが小さい時からセラピーの中で絵本に音をつけてその世界を体験していたからです。音や音楽が、絵本の世界を、豊かに語ってくれていたのです。絵本ができるまでのストーリーは

ここで語り尽くすことはできません。しかし、この過程で、仲間たちが次々に生まれ繋がっていったということ、命を支えるということをその仲間たちが考え続けたことは確かで、もしかしたらそれは、「命が繋がる」という体験だったかもしれません。

　作品が生まれ、その作品が独りで歩き始めるということを経験しました。作品となったものが育っていきます。育てられていきます。人々のいろいろな思いや姿がこの絵本に映っていくのです。作品が世に出て、たくさんのさまざまな反響をいただきました。驚きと同時に、もしかするとこうして作られていった作品を芸術と考えるならば、ここに私たちが芸術を必要とする理由の一つがあるのかもしれないと思いました。

　ミュージック・セラピストとして自分のセラピーを語り、その考えや想いを本にまとめるということは、とても大変な作業でした。しかし、筆を取りながら感じたことは、私に日々臨床の現場で出会いをくれた人たちがいるから書けたのだということです。その人たちが実際に示してくれた、発達や生きる力が、私に勇気をくれました。

　今は亡きペトロ・ハイドリッヒ神父、ゲルトルート・オルフ先生に、感謝と共に、セラピーの道でのこれからの研鑽を誓いたいと思います。また、繋がっていて下さった方々、Co-Musictherapy研究所の仲間たち、センターの仲間たちに、そして、「書きましょう」と共感の技法で支え続けてくださった共著者、宮崎女子短期大学の山下恵子先生、こうした機会を私に与えてくださり「大変でしょう」と同質で励まし続けて下さった春秋社編集部の近藤文子さんに心から感謝いたします。最後に、もっとも私に近いところで私を支えてくれた私の家族に感謝したいと思います。

中島恵子

中島恵子（なかしま・けいこ）

山口県出身。国立音楽大学音楽学部音楽教育学科卒業後、ミュンヘン小児センターに留学、ゲルトルート・オルフに師事。1987年、山口市にCo-Musictherapy 研究所および〈こども音楽センター〉を開設。日本音楽療法学会認定音楽療法士。

山下恵子（やました・けいこ）

宮崎県出身。国立音楽大学音楽学部声楽科卒、お茶の水女子大学大学院修士課程修了（舞踊教育学専攻）。博士（人文科学）。大学院在学中より松井紀和に師事。宮崎学園短期大学教授。臨床心理士、日本音楽療法学会認定音楽療法士。

装丁＝本田　進
カバー写真＝田村　寛（『月刊　ぷらざ山口』）
口絵および本文中写真の一部＝中島写真館（久留米）
章扉イラスト＝たく
本文中イラスト＝かわのたにし

112頁　JASRAC（出）0212670-107

音と人をつなぐ
コ・ミュージックセラピー（Co-Musictherapy）

2002年10月30日　初版第1刷発行
2021年2月30日　　　第7刷発行

著　者＝中島恵子・山下恵子
発行者＝神田　明
発行所＝株式会社　春秋社
　　　　〒101-0021　東京都千代田区外神田2-18-6
　　　　電話(03)3255-9611(営業)・(03)3255-9614(編集)
　　　　振替　00180-6-24861
　　　　https://www.shunjusha.co.jp/
印　刷＝株式会社シナノ
製　本＝根本製本株式会社
楽譜浄書＝㈲ミュージック・クリエイト・スコア

© 2002 Shunjusha Publishing Company
Printed in Japan　　　　ISBN 4-393-93467-9 C1073
定価はカバー等に表示してあります

春秋社

日野原重明 監修
篠田知璋・加藤美知子（編集）
標準 音楽療法入門
　（上）理論編　（下）実践編

（上）2800円
（下）3200円

音楽療法士志望者に必須の医学的知識と音楽テクニックを網羅した、音楽療法の初めてのスタンダード・テキスト。[上]＝音楽療法の歴史と理論、音楽心理学、医学的知識（心身症、精神疾患など）。[下]＝児童・成人の音楽療法テクニック、受容的音楽療法、記録と評価、倫理。執筆者＝松井紀和、栗林文雄、村井靖児、土野研治、二俣泉、生野里花ほか。**日本音楽療法学会 推薦**

中島恵子・山下恵子
音と人をつなぐ
コ・ミュージックセラピー

2100円

聴く、見る、触る、動く、踊る、描く、伝える。音や音楽を多感覚に感じ、表現する、画期的な音楽療法モデルの理念を豊富な事例と共に解説。生涯にわたる人の発達を目指して。

作田亮一 監修／二俣泉・鈴木涼子
音楽で育てよう
　子どものコミュニケーション・スキル

2100円

音声言語未獲得から6歳相当の発達水準までの発達障害の子供が対象。「気づく」「眼差しの共有」等5項目に分け、42の音楽活動を紹介。設定・手順・指導者の役割、注意点等。

R.M. シェーファー・今田匡彦
音さがしの本〈増補版〉
　リトル・サウンド・エデュケーション

1800円

音風景の提唱者による子ども向けワークブック。身近な日常の音・自然の音に耳を澄まし、柔らかで優しい感性を取り戻す。シェーファーの最新エッセイとワーク実践例を増補。

土野研治
障害児の音楽療法
　声・身体・コミュニケーション

2400円

障害児を対象とした音楽療法を知る最適の入門書。音楽療法の定義、代表的な技法の特色、楽器・声・身体運動、セッションの手順、特別支援教育の音楽など。日野原重明氏推薦。

鈴木祐仁（編集）
だれかの音がする
　音楽療法のためのオリジナル曲集

2200円

音楽療法のオリジナル活動集第2集。発達障害・精神障害を主な対象にした、計68曲（作曲者18名）を紹介。曲の成り立ち、活動の手順、応用方法など実践的な解説と楽譜。

K. エイゲン／鈴木琴栄・鈴木大裕（訳）
音楽中心音楽療法

3500円

近年台頭してきたコミュニティ音楽療法論に対し、音楽そのものに臨床の力を見出す、伝統的かつ最先端の音楽療法理論。その代表的著作。

羽石英里
パーキンソン病のための
歌による発声リハビリテーション

2300円

パーキンソン病は発声困難・コミュニケーション障害を伴う難病。「歌」で発声・構音のリハビリを行う注目の新メソッドを、家族・支援者にもわかりやすく実践的に紹介する。

デボラ・サーモン／生野里花（監訳）
（DVDブック）
歌の翼に　緩和ケアの音楽療法

6000円

緩和ケア／ホスピスの音楽療法士の活動を記録した貴重なドキュメンタリー（43分）。死に臨む患者と家族に相対し、音楽は何を語るのか。日本語版独自の詳細な解説＋論考付。

藤本禮子
高齢者の音楽療法 楽器演奏のすすめ
　心をつなぐ合奏曲38

2400円

話すこと・歌うことができなくなっても楽器で心を通わせることはできる。最重度の認知症でも可能な楽器活動の数々を紹介。高齢者についての基礎知識、即興演奏技法の解説も。

日野原重明
音楽の癒しのちから

1800円

老いや死に直面した人間を支えるのは、医療技術を超えた心と心の交流である――音楽によって励まされ癒されてきた自身の体験を自伝的に振りかえり、音楽療法の可能性を語る。

価格は税別価格。